JN410293

朴富贊 隨筆集

앉은뱅이 책상

앉은뱅이 책상

朴富贊 隨筆集

1판 1쇄 인쇄/ 2012년 4월 25일
1판 1쇄 발행/ 2012년 4월 30일

지은이 / 朴富贊
펴낸이 / 우희정
펴낸곳 / 도서출판 소소리

등록 / 제300-2007-21호
주소 110-521 서울 종로구 명륜동 1가 33-90
경주이씨 중앙회빌딩 302-1호
전화 / 765-5663, 766-5663(Fax)
e-mail: sosori39@hanmail.net
www.sosori.net

값 10,000 원

*잘못된 책은 바꿔드립니다.

ISBN 978-89-97294-10-7 03810

앉은뱅이 책상

朴富贊 隨筆集

책머리에

생각보다 일찍 찾아온 나의 퇴직에 지인들도 놀랐다. 이젠 질곡에서 벗어나 홀가분하고 여유롭게 살라고, 지친 심신일랑 자연과 벗하여 흙냄새 바람 냄새 맡으면서 살라고 했다. 하지만 젊은 시절에 한때 선망하던 상아탑 속 생활과 글쓰기에 대한 미련은 버릴 수가 없었다. 뒤늦은 나이였지만 젊고 발랄한 학생들과 더불어 한동안 즐거운 시간을 보낼 수 있었고 오창익(吳蒼翼) 교수님과 수필을 공부할 수 있었던 것은 행운이었다.

아름다운 글도 쓰고 지친 몸도 마음도 위로 받고 싶었지만 쉽지 않았다. 특별한 문재도 없는데다 노력마저 부족했다. 하지만,

그동안에 발표했던 원고들을 모아서 책으로 엮으려 한다. 책 읽기를 좋아하고 형의 수필집을 갖고 싶어 하다가 저 세상으로 먼저 떠나간 사랑하는 내 아우에게 이 책을 드린다. 좋은 글 쓸 수 있도록 뒷바라지 해준 사랑하는 가족들에게도 고마움을 전한다.

2012년 4월.

朴富贊

▷ 차 례

1. 한 마리 연어처럼

2. 밤차를 타고

3. 눈이 내리면

4. 뒷동산에 올라

1.

한 마리 연어처럼

앉은뱅이 책상

지난가을 어머니 제삿날, 고향의 동생 집에 들렀을 때였다. 새로 이사를 간 고층 아파트의 좁은 베란다에 옛날 어머니가 쓰시던 커다란 장독 항아리가 놓여 있지 않는가. 조카들 방에는 또, 내가 어린 시절에 쓰던 앉은뱅이 책상까지 놓여 있었다.

반세기나 되는 긴 세월이 흘렀건만 오늘에 와서 다시 만나다니 반갑기 그지없다. 정화수 떠다 놓고 자식들의 무병장수, 학업성취를 밤하늘에 빌던 그 장독 항아리. 그 앞에 꿇어앉아 책을 읽던 나의 앉은뱅이 책상이 아닌가. 예쁘고 모양 좋은 살림살이며 가재도구들이 홍수처럼 쏟아져 나오는 요즈음에도 옛 것을 버리지 않고 사용하고 있다니 반갑고 고맙다.

철없던 나에게는 책상은 무엇이든 감춰두던 보물창고와 같았다. 한여름 뙤약볕에 연못 가로 논두렁, 밭두렁으로 쏘다니며 잠자리, 매미, 여치들을 잡아서는 몰래 숨겨 두던 곳이었다. 아이들과 놀이하던 딱지, 구슬 등 온갖 것도 넣어두는 금고와 같았다.

학교에 다니면서 앉은뱅이 책상은 나의 서재가 되었다. 수업 시간표에 맞추어서 교과서와 공책을 책가방에 넣고 학교로 가고, 집으로 돌아오면 책상 앞에 앉아 숙제를 하고 책을 읽던 나만의 보금자리였다.

등잔불 밑에서 어머니로부터 글을 배우던 곳. 공부가 싫어서 게으름을 피우다가 회초리를 맞고서 눈물 흘리던 그 책상. 애처로운 마음에 매 맞은 종아리를 어루만져 주시며 모자가 같이 울던 그 책상이 아닌가. 밤늦게 책상에 엎드린 채 잠이 든 내 어깨 위로 살며시 이불을 덮어주던 사랑이 넘치던 곳. 가끔은 책상 위 등잔불에 머리카락을 태워먹고 학교 친구들의 놀림을 받던 추억 어린 책상이 아닌가.

뿐이랴. 내가 쓰던 책상을 둘째가, 또 셋째가 물려받아 쓰면서 어린 동생들의 땀과 눈물도 배어있는 책상이 아닌가. 긁히고 상처 난 자국들이 지난날을 말해준다.

책상 위 책꽂이에는 내 교과서와 공책이, 다른 한쪽에는 부모님의 책들도 꽂혀 있었다. 어린 나에게 책과 가까이 하게 하려던 배려였을 것이다. 비록 배움은 많지 않았지만 부모님은 책을 좋아했다. 어머니는 가끔 나를 데리고 당신의 고모 집으로 갔다.

마침, 일본에 유학중인 아저씨가 방학을 맞아 귀향하는 날이었다. 사각 모자를 쓰고 '망토'를 걸친 멋진 모습과 벽에 가득한 많은 책들을 내게 보여주기 위해서였다.

성년이 되면서 나도 책을 좋아하게 되었고 사회에 나가서도 그러했다. 보고 싶은 책들을 마음껏 읽고 싶었지만 마음만 그랬을 뿐, 다람쥐 쳇바퀴 돌아가는 듯한 일상 속에 파묻혀서 그러질 못했다. 어쩌다가 대학교수로 있는 친구의 연구실을 방문하게 되면 천장 높이 쌓인 서가의 책들이 보기 좋았다.

또 어떤 땐, 손님이 되어서 남의 집을 방문할 때 우연히 그 집 서재나 책이 가득한 방을 엿보게 되는 것은 기분 좋은 일이었다. '돈이 가득 찬 지갑보다 책이 가득 찬 서재를 갖는 것이 훨씬 좋아 보인다'는 말처럼 나도 그런 생각을 했다. 값비싼 장식품이나 상패를 잔뜩 진열하고 힘 있는 실력자와 함께 찍은 사진을 앞장서서 걸어놓은 집들도 많이 보았다. 하지만 책이 꽂혀 있는 소박한 서재만도 못하다 생각됐다.

내 유별난 생각들이 저 앉은뱅이 책상 앞에서 굳혀졌는지 모르겠다. 아동심리학자들도 어린 아이의 뇌리에 한 번 박힌 영상은 좀처럼 사라지지 않는다 했다. 자라면서 그의 사고와 행동의 준거(準據)가 된다 했다. 어린 시절에 학습과 배움에 대한 흥미와 관심을 유발해주면 아이는 학습의 즐거움을 느끼게 되고 자발적이고 자주적으로 학습을 해 나간다 한다. 정신분석학자 프로이드(S. Freud)도 인성은 부모의 교육태도, 특히 모의 영향이 절대적이라고 말하지 않았던가.

망망대해도 대하의 강물도 발원지는 깊은 산골짝 옹달샘. 학문의 시작도 위대한 학자도 초등학교에서부터 시작되는 것. 동서고금을 막론하고 세상의 어머니들은 자식에 대한 꿈과 희망을 염원하고 사랑과 노력을 다 바치지 않던가. 맹모(孟母)의 삼천지교(三遷之敎)에서, 신사임당(申師任堂)의 율곡(栗谷)에 대한 교육에서, 발명왕 에디슨의 어머니에게서 듣지 않았는가. 위대한 인물의 뒤에는 위대한 어머니가 있다는 말처럼 세상 모든 어머니의 마음이 그렇지 않겠는가.

세속의 이름 없는 한 아녀자인 내 어머니도 자식에 대한 꿈과 희망을, 저 앉은뱅이 책상에 의지하고 염원하지 않았던가. 자식을 위한 옹달샘이 되기를 간절히 기도하지 않았을까. 앉은뱅이 책상 위쪽 벽에는 가난하던 당신의 학교시절 상장까지 걸어놓고 그 앞에서 사랑의 매를 들고 사랑하는 자식의 눈물까지 흘리게 했던 것은 가난의 한만큼이나 자식에 대한 꿈과 희망이 컸기 때문이 아니었겠나.

저 앉은뱅이 책상 앞에서의 교육은 내 평생의 살아가는 길잡이가 되었다. 여태껏 살아오면서 대과 없이 지낼 수 있었던 것도 그 시절에 심어진 정신력 덕분이라 생각된다.

눈앞의 이익과 황금만을 최고의 가치로 생각하는 사고가 팽배한 세상이다. 하지만, 정신의 가치를 높이 사고 근본과 뿌리를 생각하는 진지한 삶의 자세와 시어머니의 얼굴도 모르는 막내 제수씨가 어른들의 손때 묻은 항아리에 장을 담그는 것은 사라져가는 조상의 '얼'을 간직하고 싶은 마음일 것이다. 앉은뱅이 책상을 조카들이 사용토록 한 것도, 단순한 책상으로만 보지 않고 시댁의 어린 삼형제가 대물림 하면서 땀과 눈물을 흘리고 면학하던 정신의 화신이라 생각하고, 우리 집 '지킴이'로 여기는 것이 아닐까. 대(代)를 잇는 정신의 끈으로 생각하는 것일까. 마음 씀씀이가 참 고맙다.

(2005)

K선생님과 동요(童謠)

KBS 라디오의 FM 음악방송에서 아름다운 시가 담긴 신작 가곡을 즐겨 듣는다. 가곡이나 옛 동요를 들을 때면 나도 몰래 옛 생각에 젖는다. 어린 우리들에게 열심히 동요를 부르게 하던 K선생님이 생각나고 나도 몰래 눈시울이 젖는다.

30대 젊은 선생님은 초등학교 5, 6학년 담임이었다. 중학(6년제) 입학시험을 앞둔 우리에게 학과 공부보다도 노래를 더 열심히 부르게 했다. 우리 동요, 외국 동요, 손수 만든 노래책으로 음정연습, 박자연습, 악보 따라 노래 부르기 등 어려운 것까지 공부했다. 손수 만든 노래책이 중학교 음악교재, '콜위붕겐(KorUbungen)'이었음을 후에야 알았다.

쉬는 시간, 점심시간, 짬만 나면 교실이 떠나갈 듯 큰소리로 노래를 부르게 했다. 수업을 마치고 종례가 끝나서 집으로 가기 전에 합창을 하고서야 집으로 간다.

'배를 저어가자 험한 바다 물결 건너 저편 언덕에….'

'옛날의 금잔디 동산에 메기 같이 앉아서 놀던 곳….'

시끄러운 노랫소리 때문에 다른 학급 아이들의 놀림도 받았다. 중학 입시를 눈앞에 두고 학부모의 염려도 많았지만 선생님의 노래공부는 멈추지 않았다.

성악가란 별명이 붙은 선생님은 가끔 혼자서 노래를 부른다. 학교가 끝나고 선생님들도 아이들도 집으로 가고 없는 조용한 교정에서 노래를 부른다. 전교에 단 한 대밖에 없던 피아노, 교장실 옆방에서 피아노를 치며 혼자서 노래를 불렀다.

우리 민요, 동요, 그리고 우리들이 모르는 외국 노래까지도. 조용하고 흐느끼는 듯 때로는 격정적인 목소리로 노래 불렀다. 텅 빈 교정에 울려 퍼지던 선생님의 목소리, 땅거미가 내리는 학교 운동장으로 멀리 퍼져나갔다. 우리들이 공차기를 하고 놀다 어두워져 집으로 갈 때까지도 선생님의 노래는 끝나지 않았다.

혼자서 노래 부르는 선생님의 모습은 쓸쓸해 보였다. 해방된 지 불과 3~4년여, 사회는 혼란스럽고 앞날의 희망은 보이질 않았다. 암울한 세상에서 가난하게 살아가는 수많은 사람들. 어느 것 하나 희망은 보이질 않았다. 아이들은 월사금(月謝金)을 내지 못해 교실 밖 창가에서 서성거려야만 했고, 꽁보리밥 도시락도 싸오질 못하고 수돗물 한 모금으로 배고픔을 달래야 했다.

그래도 자식들만은 가르쳐야 한다고 아이들을 학교로 보내던 우리네 부모님들. 선생님의 마음은 쓰리고 아팠다. 박봉에서 조금씩 떼어서 아이들의 월사금을 대납해 주기도 하고 점심때면 보리밥 도시락도 나눠먹던 선생님이었다.

꿈과 희망을 심어주고 구김살 없이 공부할 수 있도록 해주고 싶었다. 그래, 울적한 마음을 노래에 실려 날려 보내자. 꿈과 희망의 노래를 부르게 하자. 희망을 꽃피우는 아름다운 동요를 부르게 하자. 선생님은 아이들에게 열심히 노래를 부르게 했다. 아이들도 울적한 마음을 교실이 떠나갈 듯 큰소리로 노래를 불렀다. 선생님도 우리들도 함께 불렀다. 사랑의 묘약인 동요를 아이들 가슴에 심어 주었다.

수십 년의 세월이 흘러갔다. 일상에 쫓기며 바쁘고 메마른 생활의 연속이었지만, 그래도 내 마음 한 구석에는 아름다운 영상처럼 어린 시절에 K선생님이 심어주신 음악 사랑이 꿈틀거리고 있었다.

쑥스러운 경험이었다. 조용한 벚꽃 도시 J시에 부임해 간 지 며칠 되지 않은 토요일 오후였다. 벚꽃 망울이 피기에는 아직 이른 봄날, 무거운 머리를 식힐 겸 따스한 봄볕을 맞으며 혼자서 걸어가고 있었다. 그때, 길가 어느 모퉁이 스피커에서 귀에 익은 옛 동요들이 흘러나오지 않는가. 나도 모르게 그곳으로 들어갔다. 작은 도시에 이렇게 훌륭한 음악실이 있다니. 실내 분위기도 아늑했다. 혼자서 음악을 들었다.

그 다음 날, 외부로부터 한 통의 전화를 받았다. 음악과 예술을 사랑하는 분이 새로 부임을 해서 모두들 반가워한다는 얘기였다. 이곳 유일한 고전음악 다방이며 예술인들의 모임의 장소라고 얘기하는 J시의 예총(藝總) 지부장 Y씨로부터 온 전화였다. 의도된 행동은 아니었는데 무척 당황스러웠다.

여러 지방을 다니면서 근무를 할 때다. 나이 드신 초등학교 교장선생님을 뵈올 때가 많았다. 나도 모르게 옛 담임선생님을 떠올렸다. 범사에 초연하고 흔들리지 않고 무심한 사회가 설혹 교육자에 대해서 섭섭히 대해도 탓하지 않고 제자들을 위한 사랑의 사도만을 올곧게 걸어가는 그 모습을 보면서 옛 선생님을 생각했다. 내 비록 목민의 길에 나섰다 했지만 오히려 부끄러웠다.

어느 해였던가. 반백이 된 옛 제자들이 K선생님을 모셨다. 그 날도 옛날을 회상하며 우리들은 옛 동요를 불렀다.

"나의 살던 고향은 꽃피는 산골, 복숭아꽃 살구꽃 아기 진달래…."

"낮에 나온 반달은 하얀 반달은…."

모두들 상기된 얼굴이었고 눈가에 이슬이 맺혔다.

선생님은 초등학교를 거쳐서 중·고등학교와 전문대학 교수를 지내셨기에 제자들도 많았다. 하지만 20대 후반의 젊은 교사 시절에 가난하고 못 살던 코흘리개 아이들에게 쏟았던 그 사랑, 동요를 부르게 하여 꿈과 희망을 불어넣어 주려던 그 시절 그 제자들은 결코 잊을 수가 없다고 말씀하시던 K선생님….

월사금을 못 내고 점심도 굶던 그 아이들이 대학교수가 되고 시인이, 문인이, 의사가 되어서 사회와 나라의 버팀목이 되어 있었으니. 동요로 싹튼 아름다운 정서와 올곧은 심성으로 훌륭한 인격자로 자라서 나라와 사회의 지도자가 되었으니, 모두가 선생님의 꿈과 사랑의 덕분이었다.

많은 세월이 흘러간 후였다. 고향 P시에서 88올림픽을 준비하던 때였다. 복잡하게 얽히고설킨 어렵고 골치 아픈 일들이 어깨를 짓누르고 머리를 아프게 했다. 퇴근 때면 파김치가 되어 만사가 귀찮아진다. 나 홀로 퇴근길에 자동차를 문예회관 쪽으로 돌린다. 조용히 공연장 맨 뒷좌석에 앉아서 연주회에 빠져들면, 나도 모르게 몸도 마음도 가벼워지고 에너지가 충전되는 기분을 느낀다. 그리고 K선생님을 생각했다.

그러했는데 선생님을 마지막에 뵙지도 못하고 떠나시게 하다니. 불효하고 철면피한 제자가 되고 말았다. 너무나 애통하다. 어느 해였던지, 객지에서 공무에 바쁠 제자를 생각하면서 애틋한 심정을 토로하고 옛 얘기를 하더라는 전언을 듣고서 너무나 마음이 아팠다. 너무나 무심했다. 옛 제자들에 대한 그리움, 혹시나 누가 될까 안으로만 삭히신 그 마음. 너무나 애통하다. 언제까지나 나는 선생님을 그리워하면서 살아갈 것이다.

(2005)

등화관제(燈火管制)와 회초리

지난달 구정을 며칠 앞두고 오랜만에 아들과 함께 시립 공원 묘지에 있는 어머니 산소를 찾았다. 어린 나를 사랑의 매로써 엄하게 가르치시던 어머니는 평생의 스승이었다. 그 가르침은 아직도 내 맘속 깊이 살아있는데, 쉰여덟의 나이에 너무 일찍 가셨다. 부모님 두 분 모두 배움에 한이 많으신 분이었다.

어머니는 왜정 때 보통학교 밖에 나오지 못하였지만, 졸업 때는 전교 1등으로 당시 도지사상까지 탄 머리 좋은 분이셨다. 때마침 가세가 기울어져 상급학교 진학을 포기할 수밖에 없었다. 식음을 전폐하다시피 했지만 소용없었다. 담임선생님의 등록금 대납 제의도 딸자식이라는 고루하고 진부한 생각의 조부의 반대로 끝내 받아들이지 못했던 가슴 아픈 사연을 갖고 있었다.

게다가 하늘의 조화인지 중매결혼한 남편마저 가정 형편이 어쩌면 그렇게도 같았던지. 월반을 하고 졸업 때는 전교 1등으로 역시 도지사상까지 탔지만, 가난으로 중학교를 포기할 수밖에 없었던 시골 청년이었다. 이 어찌 하늘이 맺어준 기이한 인연이 아니라 하겠는가. 불우했던 사연이 너무나 같아서 첫날밤은 눈물의 밤이 되었다. 두 사람은 장차 태어날 자식들의 교육을 위해서는 그 어떤 고생과 희생도 감내하기로 굳은 맹세를 했다. 내가 철이 들면서 어쩌다가 이런 사연을 들었을 때는 가슴이 뭉클해지고 눈시울이 뜨거웠다.

내가 국민(초등)학교에 갓 입학해서는 착하고 공부 잘하는 아들이었다고. 하지만 시간이 지날수록 동네 큰 아이들과 어울려 쏘다니고 놀기에만 정신이 팔렸다. 학교 공부는 내팽개치고 아이는 정신이 산만해져 갔다. 어머니는 크게 놀랐다. 이대로 내버려 두다가는 학교공부는 고사하고 어쩌면 자식을 버릴 것 같은 생각이 번쩍 들었다. 가난하던 당신의 어린 시절을, 첫날밤의 눈물의 맹세가 떠오르는 순간이었다. 가난한 신혼살림에도 유치원까지 보내면서 훌륭하게 자라 줄 자식들을 유일한 낙으로 삼으려던 당신의 꿈과 희망이 무너지는 듯한 순간이었다. 결코 이때를 놓쳐서는 안 된다 싶어 어머니는 드디어 회초리를 들기 시작했다.

학교에 다녀온 아들을 책상 앞에 꿇어앉히고 밤에도 직접 공부를 가르치기 시작했다. 때는 2차 대전의 말기, 일본의 패전이 머지않은 때였다. 부산항은 일본의 병참기지였으니 B-29의 잦은 출몰로 그때마다 사이렌은 밤하늘에 울러 퍼졌다. 사이렌이 울리는 무서운 밤에도 등화관제의 희미한 전등불 밑에서 하루도 빠짐없이 공부를 가르쳤다. 검정 천으로 가린 전등불 바로 밑에 밥상을 갖다 놓고 책과 공책을 놓았다. 그리고 방 한쪽 구석에는 회초리와 세숫대야에 찬물을 뜨다 놓았다.

'사람은 왜 배워야 하는가.' '사람이 배우지 못하면 어떻게 되는가.' 그러면서 가난 때문에 배우지 못했던 서러웠던 당신의 옛 얘기를 수없이 들려주었다. 타이르고 꾸짖고 때로는 내 종아리를 사정없이 내리쳤다. 회초리를 맞고 어린 내가 울고 있으면 당신도 돌아앉아 같이 흐느끼고, 매 맞은 종아리를 어루만져 주시던 어머니의 모습을 지금도 잊을 수 없다. 서럽게 접어야 했던 당신의 꿈을, 사랑하는 자식을 통해서 피워보려던 애끓는 마음이 회초리가 되어서 돌아온 것이다.

밤중의 사이렌은 자주 울렸다. 젊은 아버지는 징용을 피해서 가족과 떨어져 멀리서 살아야만 했다. 불과 스물여덟 살의 어머니는 어린 동생을 등에 업고 내 손을 이끌고는 칠흑같이 어두운 밤길을 넘어지고 더듬으면서 동네 뒷산으로, 방공호로 도망을 갔다. 한참 후, 경보가 해제되어 집으로 돌아오면, 어머니와 나의 공부는 다시 시작 되었다. 졸음이 오는 나는 세숫대야의 찬물에 얼굴을 씻어야 했다.

날이 갈수록 밤중의 사이렌은 자주 울렸다. 부득이 어머니는 두 아들을 데리고 읍내에서 30여 리 떨어진 시골로 피난을 갔다. 그곳에는 사이렌 소리도 들리지 않았고 밤중에 무서워 떨 일도 없었다. 어린 동생과 나는 땡볕 아래에서 논두렁, 개울가에서 메뚜기, 잠자리, 고기잡기에 온종일 쏘다녔다. 조용한 시골의 밤, 등잔불 아래에서 어머니와 나의 공부는 변함이 없었다. 회초리와 세숫대야의 물도 그대로였다.

그해 여름은 몹시 무더웠다. 어느 날 전쟁이 끝났다고 어른들은 야단법석이었다. 세상이 어수선하고 무섭다고도 했다. 세 모자는 읍내의 집으로 되돌아갔다. 학교가 다시 개학을 하여 다니기 시작할 무렵, 그때 크게 유행하던 급성뇌막염에 쓰러져서 사경을 헤매었다. 생사의 기로에 선 무서운 시련이었다. 일본군 패잔병들은 부산항에 집결하고 있었고 부상병들은 병원마다 넘쳐흘렀다. 전염병까지 창궐하니 민심은 극도로 나빴다. 그 와중에 시내의 부립(府立)병원에 입원시켜 기적같이 회생케 한 것도 전염병에 대한 사전대비와 아버지 친구께서 구해주신 귀중한 주사약 덕분이었다. 지극한 자식사랑이 기적을 낳았다.

건강을 회복하고 새 학년이 시작되었다. 그때부터 아이는 달라지기 시작했다. 모든 것을 스스로 해나갔다. 어머니는 아들의 변화를 말없이 지켜만 보았다. 어머니와의 공부도, 회초리도, 세숫대야의 물도 사라졌다. 상급 학년으로 올라갈수록 아이는 더욱 열심이었고 모든 것은 아이에게 맡겨졌다.

중학교, 고등학교로 갈수록 더욱 열심이었고 마침내 S대학에 입학하여 부모님을 기쁘게 해드렸다. 넉넉지 못한 살림이었지만 첫날밤의 약속대로 아들의 서울 유학에는 아낌없는 뒷바라지를 해주셨다. 살아온 고비마다 오로지 자식뿐이었다. 대학생이 된 나도 방학이 되면 책과 이불 보따리를 둘러메고 산길을 올라서 산사의 암자에서 책과 씨름했다. 젊음의 낭만도 모른 채 주변의 유혹도 뿌리쳤다. 지루하고 힘든 책과의 씨름에 마음이 흔들리고 회의를 느낄 때가 어찌 한두 번이었겠는가. 실의와 좌절에 빠져서 마음이 괴로울 때면 옛날 일을 회상했다. 등화관제의 희미한 전등불 밑에서, 피난지의 등잔불 밑에서 회초리를 맞으며 어머니와 공부하던 그 시절을. 진인사(盡人事) 대천명(待天命)이라더니 어려웠던 국가시험도 합격하여 두 분의 응어리진 한을 조금이나마 덜어드릴 수 있었다.

부모님의 뜻에 따라 목민관의 길로 나아갔다. 왜 배워야 하는가, 수없이 일러주시던 참뜻을 이해할 수 있었다. 가난 때문에 배우지 못하여 혹 어려움을 당하는 사람들의 아픔을 알아주는 그런 지도자가 되기를, 그 길이 네가 가야 할 길이라고 혼이 깃든 가르침이었다.

30여 년의 세월을 대부분 가난한 농촌과 어려움 많은 도시에서 보냈다. 6~70년대 새마을사업을 위시한 농어촌개발사업,

7~80년대 산업화, 공업화 과정에서 빚어지는 난제에 부딪치면서 국가발전을 위해 열심히 일했다. 목민관의 정신으로 살아가려 애썼지만 언제나 모자랐다. 가난과 무지 때문에 어려움을 당한 그들의 아픈 마음을 과연 얼마나 어루만져 주었는가. 그늘지고 소외된 자에게 사랑과 희망을 심어주라는 가르침을 제대로 실천하였는가.

오랜만에 어머님 무덤 앞에 엎드려 큰절을 올리며 옛날을 회상하니 눈물이 앞을 가린다. 귀한 자식을 회초리로 내리치며 인간을 만들려던 어머니의 가르침에 새삼 고개가 숙여진다. 그 어렸던 내가 이미 정년퇴직까지 하고 이순을 넘겼으니 분명 세월은 많이 흘렀나 보다. 세월이 흐르더라도 어머니의 그 회초리의 정신만은 대(代)를 이어 나갔으면…. 함께 간 아들도 아비의 마음을 아는지 할머님 무덤 앞에 정중히 무릎 꿇고 큰절을 올린다.

(2004)

혼자 사시는 장모님

작년 늦가을이었다. 병원에 입원하여 고생하시다가 장인께서 세상을 떠나셨다. 그때부터 여든이 넘은 장모님은 바닷가 아파트에서 혼자 사신다. 슬하에 자식 일곱을 둔 다복한 어른이지만 누구에게도 의지하려 않는다.

딸들은 서울에 아파트를 마련하여 같이 살고자 하는데, 어머니는 한사코 마다하니 안타까워 야단이다. 외아들이 모시고 살고자 하나 병원생활 때문에 그 또한 간단한 게 아닌 모양이다.

전화통에 매달린다. 딸들은 마음이 편치 않다. 건강걱정, 음식걱정, 좋다는 음식을 싸들고 차례대로 기차를 탄다. 단체로, 따로따로 순서대로 내려간다. 시간이 흐를수록 불규칙하게. 집집마다 시댁들도 그곳 고향 땅이요, 대소사에 참석하러 가는 곳도 그곳이니, 이래저래 자꾸만 내려간다.

마침 나도 학교 일이 생겨서 매주 한 차례씩 정해진 요일에 기차를 탔다. 도착하면 맨 먼저 장모님께 전화부터 한다. 혼자서 적적하게 계시니까 누구든 고향에 도착하면 안부전화부터 하게 된다. 어쩌다 전화를 늦게 하면, "전화 올 때가 됐는데, 와 안 오능가 했다." "오늘 집에 와가 자고 갈 끼이지." "자네는 와 그 흔한 핸드폰도 안가꼬 댕기노."

정해진 요일 날 학교에 오는 줄 알고 있지만 전화를 기다린다. 자식들의 전화는 언제나 반갑다. 적적한 것이다. 혼자서 옛 생각에 눈시울을 적시며 그리운 자식들을 기다리는 마음이다.

살아온 지난날의 얘기도 듣는다. 낙동강가 옛 친정 집 이야기, 부산으로 유학 오던 이야기, 시댁 이야기, 딸 여섯을 기르던 지난날의 온갖 얘기들이 줄을 잇는다. 왜정 때 명문 여학교를 나온 자그마한 키에 깨끗한 인상, 알뜰한 살림솜씨며 근검절약이 몸에 밴 전형적인 한국의 가정주부다.

일가친척, 이웃과 지인들도 다복한 내외라고 칭송이 자자했다. 자식 일곱을 명문대학 졸업시켜 출가시키고, 음악가로, 의사로 사회에 진출시켰으니 그럴 만도 한 것. 몇 년 전에는 회혼례까지 치렀다. 그랬는데, 혼자된 지 1년여 기간이 더 어려웠을 것이다.

새벽 예불은 빠트리지 않는 독실한 불교신자다. 불교에 관한 책들을 틈틈이 읽으신다. 언젠가 나에게 읽어보라면서 주신 책이 무려 일곱 권이나 되었다. 나는 놀랐다. 혼자 있는 시간에도 잠 안 오는 밤에도 책만 보신 것이다.

지난봄이었다. 그날 아침, 노모는 바닷가를 걷고 싶어 했다. 조심스럽게 모래사장으로 나갔다. 아침 바다 공기가 유난히 맑고 상쾌했다. 밝은 얼굴이 무척 좋아 보였다. 해안가 도로와 상가들도 여름철을 대비하여 깨끗하게 정비되어있고 주위환경도 한결 좋았다. 한동안 걸어가다가 이전에 가끔 들르던 소문난 해장국 집을 찾아갔다. 치아가 좋지 않지만 맛있게 잡수신다.

"오늘은 우리 두 사람 뿐이네. 자네가 도로 일로 부임해 오면 조켔다." 하고 웃는다. 처음에는 귀를 의심했다. 불가능한 일인 줄을 뻔히 알면서도 하는 말씀이다. 모든 것이 그립다.

십여 년 전, 이곳에서 근무한 때가 있었다. 관사는 처갓집 아파트 단지 이웃에 있었다. 서울에서 학교 다니는 아이들 뒷바라지 때문에 자연히 혼자서 지낼 수밖에. 가끔 일요일 이른 아침에 두 분을 모시고 바닷가 산책을 나갔다. 새벽 바다에서 갓 잡아 올린 생선이나 횟감을 사서 들고 오거나, 해장국 집에서 세 사람이 아침을 먹었다. 장모님은 그때가 좋았다고 생각하는 것이다. 집사람이 오는 날 해운대, 송정 등 바닷가로 가끔 바람 쏘이러 갔던 일이 생각나고 그 시간도 그리운 것이다.

어느 가을 아침이었다. 돌아가신 어른의 첫 제삿날을 며칠 앞

두고 있었다. 두 사람은 아침 커피를 마시면서 햇빛 환하게 들어오는 베란다를 무심히 바라보고 있었다. 헌데, 그 많은 화분 중에서 군자란 세 송이가 유난이 싱싱하게 피어오르지 않은가. 나는 문득 어른을 연상했다. 바로 그때 '올 가을에는 유난히 더 쓸쓸하네' 그러시곤 잠시 목소리가 잠겼다. 깨끗한 물수건으로 화초 잎을 닦아주며 영양제를 주던 어른을 생각한 것이다. 때마침 군자란 세 송이가 싱싱하게 피어오르기 시작했다.

오늘도 하룻저녁을 묵고 왔지만, 떠나올 때마다 마음이 무겁다. 자식들이 많다 한들 제 자식 제 식구 간수하기에 바쁜 이미 늙어가는 초로의 자식들이다. 내리 사랑이라 말들 하지만 딸들의 어머니 사랑은 한결 같았다. 태어나고 죽는 것도, 부모 자식 간의 만남도 인연 따라 오고 가는데 어쩌겠는가 하시던 말씀. 자식들에 대한 끝없는 사랑이었다.

(2004)

찔레꽃과 아까시꽃

공원묘지 어머님 무덤가 언덕배기엔 하얀 찔레꽃이 한창이다. 건너편 아까시 숲에서는 대롱대롱 꽃줄기에서 꽃향기가 날린다. 보드라운 바람결에 하얀 꽃잎이 살포시 무덤가로 내려앉는다. 생전에도 꽃을 그렇게 좋아하시더니….

내가 사는 읍내의 넓은 들판 서편으로는 제법 넓은 하천이 흘렀다. 학교가 파하면 동네 아이들과 어울려서 하천 둑으로 연못가로 물고기, 잠자리 잡이에 해 지는 줄 몰랐다. 가끔가다 남의 집 오이 밭과 참외 밭에 들르는 날은 호되게 야단을 맞았지만 어른들은 너그러이 용서도 했다.

농삿집 아이들은 바쁘고 힘들기도 하다. 학교에서 돌아오면 집안일을 돕는다. 어떤 때는 소 치는 아이들을 따라서 들로 산으로 하천가로 다녔다. 보리타작 마당에도 논밭에서 일하는 일꾼들의 새참 술심부름은 아이들 몫이었다. 아이들과 어울려 심부름 가는 밭두렁에는 언제나 하얀 찔레꽃이 피어있었다. 은은한 향기가 좋았다.

소 치는 아이들이 가는 둑과 들판 여기저기엔 헝클어진 찔레의 무덤들이 많이 있었다. 어느 해였던지 여름 장마가 할퀴고 간 무너진 둑을 새로 만든 곳에는 찔레와 아까시 나무들이 많이 심겨 있었다.

거친 토양에도 뿌리를 잘 내려 토사유실을 방지하고 푸르름을 안겨주는 사방 식물이다. 평탄하고 비옥한 토지보다도 거칠고 척박한 들과 산, 밭 언저리에서 버티고 살아가는 그런 나무들이다. 흙과 더불어 평생을 살아오신 당숙을 닮은 것 같다. 세상 사람들은 오히려 몰라주었지만.

해마다 이맘때면 은은한 찔레꽃 향기가, 아까시 꽃향기가 바람 타고 날아와서 어렵게 살아가는 세상 사람들의 가슴을 어루만져 준다. 가냘픈 여인같이 생긴 꽃, 하얀 머릿수건을 둘러쓴 내 어머니와 누님같이 생긴 꽃이다. 먼 옛날, 북방의 몽고족에 끌려간 공녀였던 소녀, '찔레'. 훗날, 고향에 돌아온 그녀는 생사를 알 수 없는 부모형제를 찾아 헤매다가 산 속에서 죽었으니. 그녀의 마음은 흰 꽃이 되었고 흘린 눈물은 빨간 열매가, 아름다운 목소리는 향기가 되었다. 강인한 생명력의 야생화, 하얀 치마저고리를 입은 슬픈 여인 같은 꽃이다.

하천 둑에서 머지않은 마을에 키가 큰 대추나무가 솟아있는 내 외갓집이 있었다. 어머니와 손잡고 아까시 꽃잎 날리는 둑길로 해서 외갓집으로 간다. 찔레꽃 향기가, 아까시 꽃향기가 바람에 날리던 어느 해 봄이었다. 어머니와 얼마 전 시집간 이모가 서로를 붙들고 울면서 헤어졌다. 이모는 부모형제와 헤어져서 남편 따라서 먼 나라로 떠나갔다.

몇해 후엔 외갓집이 우리 학교 근처 마을로 이사를 했다. 기와 공장 넓은 터가 있는 큰 집이었다. 기와공장 주변에는 숲이 있었다. 소나무, 참나무, 대나무, 아까시 등과 이름 모를 나무가 많았다. 봄바람이 부는 날, 기와공장 넓은 마당에는 아까시 꽃잎들이 하얗게 눈꽃으로 내려앉았다.

학교에서 오전 수업만 있는 날이다. 수업이 끝나기가 무섭게 책가방을 둘러메고 외갓집으로 달린다. 학교의 향나무 울타리를 몰래 빠져나가서 풀밭으로 해서 밭두렁 논두렁을 달린다. 작은 개울을 단숨에 뛰어 넘고 달린다.

'내 새끼 완나!, 배 고푸지. 얼런 오거라.'

반겨줄 외할머니를 생각하면서 힘껏 달린다. 찔레가 내 다리를 긁어서 따끔거려도 나는 전혀 몰랐다.

외할머니는 맛있는 과자와 떡과 과일을 꺼내 주신다.

"천처이 무거라. 체할라." 하며 물을 주신다.

"이거는 집에 가꼬 가서, 에미랑 동생이랑 같이 무거라." 하시면서 다락방에서 따로 챙겨두신 보자기를 꺼내 주신다.

한 손에는 보자기를 움켜쥐고 어깨엔 책가방을 멘 채 집으로 달린다. 맛있게 먹을 어린 동생들의 얼굴이 떠오르고 콧노래도 나온다. 신나게 달려가는 신작로 가에 찔레들은 나를 보고 웃고 있었고, 키가 큰 아까시 나무에선 하얀 꽃잎들이 땀에 젖은 내 이마 위로 마구 뿌려주었다.

그 옛날, 소 치고 꼴 베던 아이들은 도시로 가고 없다. 요란한 벚꽃축제도 오월의 장미축제도 다 지나갔다. 그들만은 고향 땅 거친 곳에 뿌리박아 오래도록 지키고 있다.

예쁘고 요염한 이국의 꽃들이 넘쳐나지만 야성미 넘치는 찔레와 아까시, 소박하고 수수한 여인같이 생긴 그들이 좋다.

(2008)

나의 작은 방

행복이란 마음가짐에 달렸다고 한다. 하지만, 어떤 이는 세속적인 권세나 재물에서 찾으려 애쓰고 또 어떤 이는 눈에 보이지 않는 정신적인 내면세계에서 부단히 노력하는 사람도 있다.

어느 날, 옛 직장 상사였던 J씨의 전화를 받았다. 모 정당의 정책 연구회원에 가입을 권유했다. 때마침 대선을 앞둔 때였다. 또 어떤 지인은 정치를 한답시고 정계 주변을 배회하고 이권청탁이나 하면서 살아가고 있다. 그레샴의 법칙이 난무한다는 소리는 일찍부터 들었지만 소설 「상도」에 나오는 '계영배(戒盈盃)' 같은 그런 인물은 없는가.

그 무렵, 나는 어느 모임에서 P여대 K총장을 오랜만에 만났다. 퇴직 후의 생활이며 세상 이야기를 하다가 내 생각을 알게 된 K총장은 대뜸 자기네 학교로 오라고 권유했다. 국문학자 출신인 K총장은 내 생각과 유사한 점이 많았다.

대학교가 위치한 곳은 낙동강 하류에서 동향, 넓은 간선도로 건너 산 중턱으로 올라간다. 약간 높은 위치에 소나무들이 빽빽이 둘러싼 학교 뒷산, 남쪽으론 확 트인 전망이 명당이었다.

가을 학기를 앞둔 늦여름 어느 날, 학교를 찾아간 나를 대학의 L처장이 서쪽 별관 2층으로 안내한다.

"시장님, 아니 교수님! 좋은 방은 못 됩니다만 앞으로 연구실로 사용하시지요."

나의 지난날을 알고 있는 L교수는 호칭에까지 신경을 썼다. 나의 연구실이라니. 조용하고 아담한 방이었다. 번잡하던 지난날의 사무실보다 더 매력적이다.

창문을 열고 바라보는 전망이 참으로 좋았다. 늦여름 뜨거운 햇살에 빤짝이며 유유히 흐르고 낙동강, 을숙도, 날로 도시화 되어가는 촌락들, 옆으로는 푸르른 들판이 깔려있다.

젊은 시절, 한때는 내가 선망하던 직업이라 마음이 뿌듯하다. 맨 먼저, 고교 친구 G교수 방에 들른다. 뜻밖의 나를 보고 놀란다. 자초지종 얘기를 듣고서는 "이제 자네 본업으로 찾아온 것인가." 하고 농담을 한다. 여류 시인이요 평론가이신 J교수 방에 들렀다. 반갑게 맞아주면서 지금 막 출간한 시집과 평론집 한 권씩을 자필 서명하여 기념으로 건네준다. B대학의 영문학자 K교수에게도 전화로 소식을 전하고, 만나고 싶어 하던 J씨는 단숨에 달려왔다. 한 잎의 낙엽처럼 뿌리로 돌아와서 남은 열정을 불태우고 학생들과 생활하는 것이 얼마나 기쁘고 즐거운 일이요 또한 봉사인가.

캠퍼스의 모든 사람들이 행복해 보였다. 학생들과 더불어 공부하고 떠들고 웃으면서 세속의 권세나 재물에 연연하지 않고 소박하고 평범하게 살아가는 사람들이 행복하게 보였다. 작은 연구실에서 글 쓰고 책 읽고 강의 준비에 열중하는 그들. 나도 그분들을 닮아가고 있었다. 작은 방에 앉아서 하루 종일 책 읽기에 시간가는 줄 몰랐다. 시장기를 느낄 때면 미리 알아둔 중국음식점에 배달시킨 자장면 한 그릇으로 점심을 때운다.

나의 작은 방은 내 마음의 안식처가 되어 주었다. 철없던 소년 시절, 무지개를 좇으려 돌부리에 넘어지고 가시덩굴에 긁히던 어린 시절, 젊었을 때 밤낮을 가리지 않고 열심히 일했던 지난 시절이 낡은 필름처럼 다시 떠오른다. 못난 형을 위해 희생한 내 혈육, 일가친척, 주변 은인들에게 회개의 눈물을, 또한 나를 위해서 아픔도 고통도 받았을 수많은 인연들에게도 회한을 금할 수 없었다.

지난날의 유혹과 청탁으로 얽히고설킨 이해관계 속에서 시달림을 받았던 내 자존심도 상처도 세월과 더불어 사라져갔다. 때로는 세파의 차가움도 잊혀진 세월의 업보를 맛보기도 했지만.

주야간으로 학생들과 보내는 시간은 매우 즐거웠다. 여대생들은 귀엽고 예쁘고 발랄했다. 쉬는 시간에는 다투어 커피를 대접해 준다. 그들과의 수업은 고향의 행정에 관한 궁금증을 주로 얘기 해주었다. 어느덧 가을의 한 가운데에 이르면 대학의 축제가 요란해진다. 아름다운 단풍나무 아래에서 펼쳐지는 축제마당에 초대되기도 한다. 가을밤 전등불 아래에서 그들과 함께 소주를 마시던 그때가 기억에 새롭다.

보람되고 행복에 찬 하루를 접고 어두움이 깔리면 집으로 향한다. 시가지의 휘황찬란한 불빛과 낙동강변을 흐르는 차량들의 불빛을 바라보면서 캠퍼스 안에서 출발하는 순환버스에 몸을 싣는다. 만원 버스에서, 밤열차에서 부대끼면서도 마음만은 그렇게 즐거울 수가 없었다.

내 스스로가 택했던 그 작은 방은 평범하고 깨끗하게 살아가는 선비정신과 행복을 안겨다 주었다. 왜, 사람들은 권세나 재물이나 명예에서만 행복을 찾으려 하는지. 안분지족하는 마음으로 살아갈 수 없는지. 매사에 감사하고 봉사하는 자세로 살아가면 그것이 곧 행복인 것을. K총장이 교육계를 떠나서 암자의 불승이 되고 작은 방을 나에게 배정해 준 것도 모두가 선비정신을 잃지 말자는 묵시가 아니었을까.

(2006)

벚꽃 잎 날리면

하얀 벚꽃이 뭉게구름처럼 피어있다. 아파트단지 주변에도 산책길에도 온 천지가 벚꽃 세상이다. 간간이 내리던 가랑비를 맞고 연분홍 색깔을 띠더니 어느새 바람에 날리며 오가는 사람들의 머리 위에 꽃비로 내린다.

도시의 공원과 녹지대, 유원지 등에서 조경수로 가로수로 각광을 받더니 요즈음은 도처에서 흔하게 볼 수 있다. 옛날에는 그렇게 흔치 않았다. 창경원의 벚꽃놀이가 그래서 유명했고 밤 벚꽃놀이는 큰 인기였다.

하얀 꽃무리를 보고 있으면 어릴 적 고향의 벚꽃 동산이 생각난다. 2차 세계대전 말, 일본의 패전이 짙어가던 무렵이다. 항구도시 부산은 일본과의 인적, 물적 소통이 많았다. 더구나 관부 연락선 같은 게 있었으니 일본인의 내왕이 더 많았다.

해운대, 동래 등엔 질 좋은 온천이 있었으니 숙박시설, 유흥시설 등 각종 편의시설이 많았다. 상권과 재산은 대부분이 그들의 소유였고 우리는 고용인에 불과했다. 그들의 재산을 관리하는 심부름꾼에 불과했다.

그들은 교묘했다. 외곽지대에는 넓은 벚나무단지를 만들었다. 그들의 민족성을 잘 나타내는 국화로서 뻗어가는 그들의 국력을, 세를 자랑하듯 대대적으로 벚나무단지를 조성했다.

그들의 눈에는 식민지 백성들은 무식하고 게으르고 술 먹고 놀기 좋아하는 민족으로 보였다. 민심도 수습하고 그들을 위한다는 식민지 통치의 얇은 꾀에 불과한 일석이조의 효과를 거둔다고 여겼다.

해마다 벚꽃이 구름처럼 피어나는 이맘때 상춘객은 구름처럼 모여든다. 시내 중심지에서 전차로 연결된 곳도 있었다. 교통편도 좋았다. 학생들의 소풍장소로, 가족단위 놀이터로, 친목단체 모임장소 야유회 장소로선 안성맞춤이었다.

어렵게 살아가는 식민지 백성들이지만 한때나마 시름을 달래주는 놀이터요, 위안소가 되었다. 만사를 제쳐두고 하루쯤은 신명나는 놀이터가 되었다. 풍악을 앞세우고 북치고 장구치고 춤추고 고성방가를 해도 주재소 순사들은 과히 허물하지 않았다.

하루하루 힘겹게 살아가던 우리네 어버이들의 깊은 시름마저 꽃잎에 실어 봄바람과 함께 날려 보냈던 그런 곳이기도 했다.

벚꽃과의 인연은 또 있었다. 1980년 나는 진해시에 부임을 했다. 지금도 해마다 이맘때면 한 장의 초청장이 날아온다. 군항제와 벚꽃축제의 초대장이다. 옛날 60년대 초반부터 시민단체 대표들이 자발적으로 시작한 그 행사가 40여 년의 세월이 흘러서 국내외로 유명해진 큰 행사가 되었다. 많은 세월이 흘렀건만 잊지 않고 보내주는 그 성의가 고맙다.

1910년경부터, 노일전쟁의 승전을 계기로 일본은 항구적인 해군기지를 이곳 진해에 조성하기 시작했다. 시가지는 방사상(放射狀)형태의 독특한 가로망을 조성하고 제황산, 장복산 일대와 군사기지 주변에는 많은 벚나무를 심었다. 그들의 세를 뽐내듯이 대단위로 나무를 심었다.

장복산 고갯길을 넘어서 시내로 내려오는 비탈길, 그 언저리는 벚꽃 도시, 진해의 면모를 잘 보여주는 곳 중의 하나다. 가파른 고갯길의 아름드리 벚나무들, 수령이 오래되어 해마다 교체와 보식을 거듭했지만 벚꽃 도시의 진면목을 보여주기에는 아쉽고 부족한 점이 많았다.

도에서 회의가 있는 날, 귀청 시에는 해안 쪽 도로를 잘 이용했다. 부산에서 구포다리를 건너고 명지, 녹산을 거쳐 웅천의 경계지역을 넘어선다. 강과 평야, 바다가 한데 어우러진 그곳 정경이 나는 좋았다. 그러나 변두리 지역이라 벚꽃 도시의 면모를 나타내는 가로수마저 부실하기 짝이 없었다. 옛날 어떤 선배가 지방행정 일선기관장은 자칫 중심부에만 신경을 쓰고 변두리나 경계지역에는 소홀하기 쉽다 말했다. 평소에도 그렇게 생각하고 있었다. 가로수, 도로표지판, 교통시설물, 무너진 언덕 절개지, 산사태 등 환경을 거스르는 훼손 부분이 많았다.

때마침 재일교포 단체에서 고향 방문차 들르면서 많은 벚나무 묘목을 기증해 왔다. 나무 심기에 적당한 계절, 대대적으로 해안 도로변에다 심어서 환경정비에 애썼다.

80년대 첫해였다. 새로운 정부가 들어서면서 사설묘지 제도를 극도로 제한하고 공원묘지 제도로 획기적인 개혁을 단행했다. 관내에선 처음으로 공원묘지 시범사업이 그곳, 해안 도로변에 조성되기 시작했다. 천자봉(天子峰: 502m) 산봉우리가 올려다 보이는 곳, 시내로 들어가는 길목이었다. 아름다운 군항도시의 자연경관 유지에 매우 중요한 지점, 각별히 신경 쓰이는 장소에서 대단위 공사가 벌어지고 있었다.

공사장을 지나던 어느 날이었다. 오늘처럼 벚꽃이 흐드러지게 피어 있었다. 봄바람에 날리던 꽃잎이 저만치 날아가서 작업 중인 불도자 위로 꽃비처럼 한 잎 두 잎 내리고 있었다. 아름다운 한 폭의 그림 같았다. 육중한 불도저, 그리고 가냘픈 꽃잎.

그 무렵, 장인 장모 두 분께서 꽃구경을 오셨다가 해안 도로변의 공사중인 공원묘지를 구경했다. 이듬해 봄, 다시 두 분께서 들렀다가 당신의 마지막 안식처를 이곳으로 정했다. '천자봉' 산봉우리가 바라보이고 바다가 머지않은 곳, 아름다운 곳이었다.

당신의 고향인 울산에는 문중 산소도 임야도 많았다지만 문중의 누군가에 의해서 모든 재산을 날려버린 사건이 있었던 후였다. 상심하고 있을 무렵, 부산과 과히 멀지 않은 이곳, 벚꽃이 구름처럼 피어나는 아름다운 이 고장에 당신의 마지막 둥지를 틀고자 마음먹었다. 평생을 살아온 부산과도 옛날의 처가 곳도 과히 머지 않는 이곳에다.

몇 해 전 늦은 가을 장인께서 세상을 떠나시던 날, 천자봉 공원묘지로 가는 해안 도로변에는 그 옛날 내가 심었던 그 많은 벚나무들이 보이지 않았다. 지금쯤은 멋진 수형으로 자랐으리라 기대 했는데 남해안 공업벨트 지대에 포함되었다니….

옛날, 두 분께서 처음 관사로 오셨을 땐 지금처럼 벚꽃이 뭉게구름을 이루었는데 벚꽃도 없는 쓸쓸한 가을에 가시다니. 또, 지난해 장모님마저 떠나시던 날은 추운 한겨울이었으니.

오늘은 공원묘지 무덤 위에 꽃비가 내리겠지.

(2009)

가을 단상(斷想)

불타는 단풍 현란한 축제가 한창이다. 지난 주말, 오랜만에 붉게 물든 D산을 올랐다. 울긋불긋 새옷으로 갈아입는가 했더니 어느새 비오 듯 낙엽되어 떨어진다. 곧게 뻗은 진입로에 화사하던 벚나무도 짙은 녹음을 안겨주던 아름드리 느티나무 잎들도 낙엽되어 내린다.

산으로 오르는 샛길에 쌓인 낙엽에 발목이 빠진다. 가쁜 숨을 몰아쉬며 한참 동안 오르다가 바위에 걸터앉아 잠깐 쉬어간다. 티없이 맑은 가을 하늘을 쳐다보고 있으니 오늘따라 옛날 대학 시절의 캠퍼스가 그립다.

밤늦도록 도서관에서 책을 읽다가 지친 머리를 식히면서 학우들과 수다를 떨던 교정의 그 벤치, 마로니에 나뭇잎도 플라타너스 잎사귀도 가을바람에 날리던 대학로의 그 모습이 보고 싶다.

50년대 후반기였다. 전후의 혼란과 가난으로 나라와 민족의 앞날이 헝클어진 실타래 같았고 모두들 힘든 질곡에서 헤어나려 몸부림치며 살아갔다. 무지와 가난의 대물림에서 벗어나려고 소 팔고 논밭 팔아 서울로 유학 온 우리들. 남의 집 가정교사로 눈칫밥 먹으면서 등록금을 마련하랴 책값을 벌기 위해 아르바이트에 여념이 없었다.

이상과 현실의 괴리가 너무나 컸기에 젊은 마음들은 괴롭고 암담했다. 선망하던 대학생활은 실망만 가득했고 앞날을 타개할 실마리는 보이질 않았다. 그럴수록 우리들은 밤이 늦도록 도서관에서 책을 읽었다.

학생들의 호주머니는 언제나 비어 있었다. 대학로의 목로주점, 인심 좋던 술집 주인은 외상술도 마다하지 않았고 때로는 동대문과 청계천 판자촌 주점에서 카바이트 술에 취하면서 젊음의 낭만을, 보이지 않는 앞날을 얘기하곤 했었다.

외로움에 젖고 마음이 울적할 땐, 이따금 친구의 하숙방으로 모여든다. 우리는 구르몽(Remy de Gourmont)의 「낙엽」을 읽으면서 마음을 달래었다.

> 시몬, 나뭇잎 새 져버린 숲으로 가자
> 낙엽은 이끼와 돌과 오솔길을 덮고 있다
>
> 시몬 너는 좋으냐, 낙엽 밟는 발자국 소리가?
>
> 낙엽의 빛깔은 정답고 쓸쓸하다

낙엽은 덧없이 버림을 받아 땅 위에 떨어져있다

시몬 너는 좋으냐, 낙엽 밟는 발자국 소리가?

석양의 낙엽 모습은 쓸쓸하다
바람에 불릴 적마다 낙엽은 상냥스러이 외친다

시몬 너는 좋으냐, 낙엽 밟는 소리가?

가까이 오라, 우리도 언젠가는 가련한 낙엽이리라
가까이 오라, 벌써 밤이 되었다. 바람이 몸에 스민다

시몬 너는 좋으냐, 낙엽 밟는 발자국 소리가?

그리곤 또 G. 아폴리네르의 「미라보 다리(Le Pont Mirabeau)」를 소리 높여 낭송했다.

미라보 다리 아래 세느강이 흐르고
우리들의 사랑도 흘러내린다

괴로움에 이어서 맞을 보람을
나는 또 꿈꾸며 기다리고 있다 … 생략 …

해가 가고 달이 가고 젊음도 가면
사랑은 옛날로 갈 수도 없고
미라보 다리 아래 세느강만 흐른다

사랑은 흘러간다 흐르는 강물처럼
우리들 사랑도 흘러내린다.

K군의 샹송을 부르는 솜씨는 누구나 알아줬다. 다방이건 술집이건 가는 곳마다 유행하던 'Que sera sera(될 대로 되라)' 또한 빠트릴 수 없다.

어느덧 산 정상이다. 만산홍엽이 장관이다. 자연의 신비로움에 다시 한 번 놀란다. 지난 주말, 친구 몇이서 가을바람을 쏘이러 서울을 벗어난다기에 따라 나섰다. 영동고속도로와 중앙고속도를 경유하여 풍광 좋은 충주(忠州) 호반으로 갔다. 수를 놓은 듯한 아름다운 구담봉과 옥순봉, 코발트색 호수와 어우러진 경관은 그야말로 불타는 단풍, 현란한 축제 그대로다.

철따라 자주 산을 오르다 보면 계절에 따른 숲의 변화에 표현키 어려운 어떤 신비감을 느낄 때가 있다. 차가운 꽃샘바람이 채 가시기도 전, 바람에 실려오는 신령스런 기운이 거무스레한 숲 속으로 스며드는 것을 볼 수 있다. 연두색 물감 한 방울이 한지 위에 떨어져서 서서히 배어드는 기운 같은 것을.

뜨거운 여름철이면 이글거리는 태양과 넘치는 에너지가 온 천지를 뒤덮는다. 제철을 만난 땅 위의 온갖 생물들도 에너지가 넘친다. 온갖 동·식물, 날짐승, 이름 모를 곤충이나 미물도 그들의 삶에 바쁘다.

그러다 산 넘어 서녘 바람이 불어오기 시작하면 그 뜨겁던 열정은 다 어디로 가고, 그 자리엔 풍성한 결실과 축복이 기다리고 있다. 그러나 그것도 잠시뿐. 축제에 취하는 듯하더니 어느새 결실의 가을은 쫓기는 신세가 되어 초라한 상흔으로 남는다.

사람의 한평생도 자연의 순환과 같은 것. 활기차고 발랄하던 청년 시절을 보내고 왕성하고 정력적인 장년기를 맞아서 필생의 과업도 이룩하고 인생을 조금 알만하게 될 때, 저만치에서 불어오는 인생의 가을바람을 느끼게 된다.

불타는 단풍, 현란한 축제, 풍요로운 결실의 가을이 있는가 하면, 조락과 허무와 비애의 가을 또한 있으니, 분명 가을은 두 개의 얼굴을 가진 야누스(Janus)인가 보다. 일체의 존재는 공(空)이요, 영원하지 않은 것. 삼라만상은 하나라더니 인생도 낙엽도 모두가 같은 것 아닌가.

(2007)

옛 암자(庵子)

입춘이 지났건만 날씨가 아직도 차갑다. 음력 이월 스무이틀, 아버님의 사십구재(四十九祭)를 올리는 날이다. 금정산(金井山) 범어사(梵魚寺) 청련암(青蓮庵). 젊을 때 징용을 피하던 시절, 땀과 눈물을 흘렸던 그곳에서. 기이한 인연인가.

법당에 들어서자 짙은 향냄새가 코를 찌른다. 커다란 황금색 부처님을 가운데 두고 관음보살, 지장보살이 좌우에 정좌해 있다. 여기저기 노란 촛대의 불빛이 법당 안을 밝힌다.

"정구업진언, 수리수리 마하수리…."

목탁소리와 함께 스님의 천수경 독경이 시작되고 진령게(振鈴偈)가 울리면서 제례가 시작된다. 검정 옷에 하얀 머리의 상주들이 영가(靈駕) 앞에 엎드려 절을 올린다.

옛 신라 문무왕(678년) 때 의상대사(義湘大師)께서 창건한 화엄종

(華嚴宗)의 대찰(大刹). 수천년 이 나라 불교의 맥을 잇는 고찰이요, 수많은 고승대덕들이 거쳐 가신 수행도량이다.

제례를 마치고 법당 문을 나섰다. 얼굴을 스치는 찬바람이 오히려 시원하게 느껴진다. 맑고 깨끗한 산바람을 듬뿍 들이마신다. 고개를 들어 먼 산등성이 쪽을 바라보니 맑디맑은 하늘에다 눈에 익은 산세가 어우러져 한 폭의 그림을 만들고 있다. 전혀 낯설지 않다. 건너편 송림에서 불어오는 바람소리, 이름 모를 산새소리, 가까이서 흐르는 작은 계곡 물소리는 변함없이 옛 그대로다.

울창한 송림들, 수령을 알 수 없는 늙은 은행나무, 이끼 낀 비석들이 반겨준다. 요사채 등 부속건물이 많이 변했다. 산사의 주차장이 고요함을 앗아간다. 옛 산사의 고독이 오히려 그립다.

아침나절, 초입에 들어섰을 때 너무나도 변한 산세에 말문이 막혔다. 산 언저리 울창하던 나무들은 다 어디로 갔는가. 그렇게도 잘려지다니. 정기와 지맥이 흐르던 심장부 계곡지대에는 작은 도시(?)가 들어앉은 것 같다. 어머니 품처럼 따스한 정을 느끼던 그 산하가…. 산을 오르다 잠시 쉬어가던 낙락장송 어디로 가고 없고 콘크리트 괴물만이 덩그렇게 서 있다.

큰절에서 북쪽으로 약간 떨어진 두 암자는 내가 햇병아리 대학생 시절에 처음 만났다. 내원암(內院庵)과 청련암(青蓮庵), 그들은 나에게 세속적인 젊음의 유혹에 지나치게 빠지지 말고, 자기 성찰을 게을리 하지 말고, 강한 정신력을 기르고 노력하면 불가능은 없다고, 꿈과 희망은 이루어진다고 말해 주었다. 오늘 흰 머리의 노인이 되어서 그들을 다시 만나는 감회가 새롭다.

50년 세월의 무게와 풍상에 시달려온 그들도 중수를 거듭하여 외양은 많이 변했다. 옛날 한때는 선승들을 위한 격리된 면벽의 수도 장소로 이용되기도 했다 한다. 시대도 변하고 세상도 많이 달라지면서 번성했던 불교도 많은 시련을 겪었다. 사찰도 암자도 수도승도 모두는 가난하게 살아가야 했다. 전통적인 기복사상과 그로 인한 불사들도 가난했던 사찰에 큰 보탬이 되었다. 뜻과 재력 있는 신도들의 도움도 많아지면서 건강과 요양을 위한 요망도 많아졌고 극소수 사람들의 기숙까지도 허락하게 되었다.

조용한 산사의 생활은 참으로 좋았다. 잡다한 유혹을 벗어나 내면을 다지는 성찰과 반성의 기회가 되었다. 인내하고 기다릴 줄 아는, 하나를 얻기 위해 다른 것을 버릴 줄 아는 그런 지혜도 알게 되었다. 권태와 실의에 빠져서 방황하던 때도 한두 번이 아니었지만 그때마다 용기를 북돋워주고 추슬러 준 사람은 부모님이었다.

아버님의 고향은 산 아래 마을에서 그리 멀지 않은 곳이다.

보통학교를 졸업하고 가난 때문에 상급학교를 진학하지 못하고 고향을 떠나서 일본사람 밑에서 고용살이를 할 수밖에 없었다. 아버님 나이 30대 초반, 2차 대전의 말기였다. 전쟁의 막바지에 이르러서 일제는 식민지 젊은이들을 군인으로 노무자로 징집하고 여자들은 정신대로 끌고 갔다. 강제 징용을 피할 수 없는 막다른 골목에 다 달았다.

바로 그때였다. 하늘의 도움으로 은인을 만났다. 천운(天運)이었다. 징용을 면제받던 선박 조선회사와 선박 건조용 목재를 조달하는 벌목현장은 군수품 공장과 같은 취급을 받았다. 그 산판(山坂), 벌목현장 사무소의 말단 서기로 들어갈 수 있었다.

풍찬노숙(風餐露宿)하는 벌목 현장. 최선을 다하기 위해서 읍내에 있는 처자식까지 산 아랫마을로 옮기고 산판으로 뛰어들었다. 어린 나와 동생은 산 아랫마을에서 뜨거운 땡볕 아래 논두렁, 밭두렁, 개울가를 쏘다니며 메뚜기, 잠자리, 가재 잡기에 하루를 보내기도 했다.

연로하신 아버님은 옛날 얘기를 하기 좋아했다. 또 한 번은 언제인지는 잘 모르겠으나 산 아래에 있던 식구들을 청련암 그곳에서 하룻밤을 묵게 했다. 하필 그날 오밤중에 매어둔 수소(黃牛)한 마리가 암소(牝牛) 때문에 울타리를 뛰어넘어 암자의 앞마당에서 소란을 피워서 한밤중에 애를 먹었다는 옛날 얘기를 신나게 하시는 것이었다.

벌목 현장사무소, 임시 하치장, 일꾼들 합숙소, 목제 운반용 소들의 마구간 등 그 모든 것들이 청련암(青蓮庵)과 그 주변 언저리, 산판에 널브러져 있었다니 참으로 놀라운 얘기였다. 한여름 무더위와 해충에 시달리고, 한겨울 추위와 눈보라 속에서 땀과 눈물도 흘렸을 그곳이 바로 이곳 암자라니….

가난과 무지를 결코 대물림하지 않겠다는 강한 의지로 살아갔다. 그러했기에, 방학으로 귀향할 때마다 암자를 권유했고, 책과 이불 보따리를 둘러메고 나는 산길을 올랐다. 계절이 여러 차례 바뀐 후에야 작은 열매 하나를 맺을 수 있었으니. 암자의 구석방, 촛불 아래에서 흘린 땀과 눈물의 대가였다. 행운이었다. 신념의 귀결이었다.

오랜만에 옛 암자에 들르니 고향 집에 온 듯 마음이 푸근하다.

(2009)

한 마리 연어처럼

시월의 가을하늘이 유난히 높다. 50년 만에 찾아가는 모교 행에 가슴 벅차다. 귀향 길 KTX는 경쾌하게 달린다. 철로변 황금들판도 예쁜 단풍들도 아침 햇살에 눈이 부신다. 철부지 우리를 육체적, 정신적으로 키워준 따뜻한 그 품속으로 찾아간다.

모교 잔디광장, 약속 시간이 다가오자 백발의 노신사들이 하나 둘 모여든다. 벌써 몇몇 친구들이 포옹하고 엉켜있다.

"이 사람아, 니 김○○ 아이가."

"와아! 니 정말 오래 마이다. 졸업하고 처음이제…."

"머리만 히다 뿐이지 그대로다."

"너는 하나또 안 늘것노."

얼싸안고 야단들이다. 오랜만에 들어보는 억센 사투리다. 더벅머리 홍안 소년들이었는데 풍상이 할퀴고 간 얼굴에는 주름과 백발이 남았다. 가슴에 찬 이름표를 보고서야 소리치고 얼싸안는다.

중학에 들어간 지 불과 두 달, 6·25사변이 났다. 광복된 지 그리고 새 정부를 세운 지 얼마 되지 않았는데. 민족의 앞날을 설계하고 꿈에 부풀던 그때였다. 신생 국가와 민족의 운명은 풍전등화 같았다. 전쟁의 비극과 고통은 이루 말할 수 없었다. 그 절망과 가난의 고통에서 살아남기 위해서 모두들 발버둥을 치며 살았다.

학교시설은 모두 다 군대에 징발되었다. 그래도 우리들은 배워야만 했다. 중학 1년생, 산과 들, 소나무 가지에 칠판을 걸어놓고 노천(露天)에서 수업을 했다. 빗물이 새고 바람에 날리던 천막 가교사에서 뜨거운 폭염에도 한겨울 추위에도 이를 악물고 배움에 열중했다.

그래도 우리들은 행운아였다. 전쟁으로 인한 수많은 사상자, 찢겨진 이산가족, 전쟁고아 등 민족의 비극과 아픔은 필설로 다 표현할 수 없다. 3년여 세월을 끌어오던 전쟁의 포화가 어느 날 멈추고 휴전이 되었다. 그 이듬해였다. 축복이란 낱말도 되뇌기 전, 졸업장 한 장 달랑 들고 중·고교 6년의 학창 시절을 끝내었다. 그리곤 우리들은 뿔뿔이 헤어졌다. 너무 서운했던 우리들의 졸업과 이별이었다.

휴전은 되었다고 하지만 국민들의 살림살이는 너무나 어려웠다. 목숨을 부지하고 생계를 잇는 것이 무엇보다 급했다. 소수의 친구들을 제외하고는 가족의 생계를 위해서 생활 전선으로 뛰어들었다. 한 마리의 새끼 연어는 더 자라기 위해서 멀고 험한 바다로 헤엄쳐 가야만 했다.

모천(母川)을 떠나서 광활하고 거친 대양으로 나아갔다. 동해 바다를 지나고 일본해와 연해주, 캄차카, 쿠릴열도, 알래스카 연안에까지 멀고 먼 바다로 나아가야만 했다. 살아남기 위해서, 살기 위해서 그들은 얼마나 많은 적과 위해와 사투를 벌였을까. 또다시, 수십 만㎞를 거슬러 모천으로 회귀하는 놀랍고 신비스러운 한 마리 연어였다. 참으로 장하지 않는가.

우리도 어지러운 사회의 소용돌이를 그렇게 헤쳐 나갔다. 4·19혁명 후의 혼란, 5·16군사혁명의 소용돌이, 수많은 정치적 사건들, 12·12사태, 6·3사태, 6·29선언 등 저항과 민주화의 고비를 잘도 헤엄쳐 나갔다. 살기 위해서, 가족을 위해서, 또 수많은 수모와 역경을 견디면서 정치 경제 사회 학문 등 각 분야에서 열심히 일했다. 그들의 50년 만의 모교 귀향이 얼마나 가슴 벅찬가.

자랑스러운 옛 친구들이다. 멀리 타국에서 활동하다가 정착해서 살고 있는 몇몇 친구들도 귀향했다. 세계 원자물리학계에서 명성 높은, 한때는 노벨상 후보군에 운위되었던 Swiss Zurich

공대의 H군, 미국 의료계에서 명의로 활약했던 P군, 미국에서 사업에 성공한 K군, P군 등도 모두 왔으니. Home Coming Day에 부군과 함께 온 와이프들의 참석은 금상첨화(錦上添花)였다. 그런데 Latin어 고문학계에서 명성을 떨치던 Italy Siena대학의 L군이 아깝게도 얼마 전 유명을 달리하여 참석치 못한 것이 내내 서운하다.

뜻 깊은 행사에 참석 못한 친구들이 보고 싶다. 그동안의 세월에 일찍 유명을 달리한 친구들, 소식이 닿지 않는 친구들, 건강 때문에 참석하지 못한 친구들이 예상외로 많았다. 애석한 일이다. 그들의 쾌유를 다시 한 번 빈다.

홍안의 소년들이었는데. 50여 년 흐르는 세월 동안 온갖 난관과 시련을 이겨내고 훌륭한 노신사로 돌아온 모습이 너무나 보기 좋다. '오늘'의 '옛 친구'가 더없이 멋있다. 정치, 경제, 사회, 문화, 교육 등 각 영역에서 훌륭한 업적들을 쌓은 인간 승리자가 아닌가. 그들에게 줄 훈장(勳章)은 없는가?

해운대 바닷가의 석양빛은 옛날 그대로인데, 내일이면 제 갈 길 떠나가는 옛 친구들이여, 부디 안녕히들 가시게, 언제 또 만날지.

(2008)

생사(生死)의 기로(岐路)

사람의 운명이란 불가사의(不可思議)한 것. 1995년 6월 29일 오후 6시경, 끔찍했던 삼풍백화점(三豊 百貨店) 붕괴현장에서 나는 기적(奇蹟)으로 살아나서 이 글을 쓰고 있는, 덤으로 살아가는 인생이다. 쉽사리 믿으려 하지 않을 것이다.

그날은 사무실에서 조금 일찍 퇴근하여 백화점 3층 헬스장에 들렀다. 마침 그날은 일주일에 하루 출석하는 서예학원에 가는 날이었다. 이른 저녁을 먹고 가려고 서둘러 헬스장을 나왔다. 그날따라 에어컨이 고장이 났는지 무척 더워서 종업원들에게 싫은 소리를 하기도 했다. 벽시계가 오후 6시 5분전을 가리키고 있었다.

락커룸을 나오다가 같은 회원인 A사장을 만났다. 두 사람이 얘기를 주고받으면서 엘리베이터를 함께 탔다. 안에는 여성회원 한 분이 이미 타고 있었다. 두 사람은 얘기를 계속하면서 1층 로비에서 내렸고, 여성회원은 엘리베이터에 탄 채 지하층으로 내려갔다.

1층 로비에 내린 두 사람이 남(南)쪽 출입문 쪽으로 두어 걸음 같이 걸어갔을 때였다. 천둥벽력인지 우레 같은 소리와 동시에 매우 진한 회색빛 뭉게구름이 솟구쳤다. 순간, 본능적으로 고개가 홱 뒤로 돌았다. 불과 4~5m 정도 거리였다. 순간에 스친 생각은, 아! 지하 매장에서 가스통이 터졌구나. 식료품 가게에서 위험한 가스를 몰래 쓰고 있었구나, 하는 생각이 순간 스쳐갔다. 그런 생각이 스치는 것과 동시에 내 몸은 폭풍에 날렸다.

잠시 후 정신이 들자 팔꿈치, 무릎 등에 통증을 느꼈다. 눈을 뜨고 주위를 살피니, 남(南)쪽 출입문 유리벽에 부딪혀 다른 사람들과 같이 쓰러져 있었다. 거대한 콘크리트 건물 북쪽 반(半)이 굉음과 함께 내려앉았으니 뭉게구름과 함께 폭풍이 일어 그 바람결에 날려서간 것이다.

다리를 끌면서 바깥 주차장 쪽으로 나온 순간, 지하층 식료품 코너에 집사람이 있을는지 모른다. 밥을 먹고 학원에 가기 위해서. 생각이 번쩍 스쳤다. 아픈 다리를 절뚝거리면서 주차장 건너편 구멍가게로 달려갔다. 만약에 전화를 받지 않는다면…. 이 시간에는 집 아니면 식료품 코너다. 마음이 조급했다. 전화벨이 울리자, 아! 하늘의 도움이다. 집사람이 수화기를 든다. "나, 무사하니 걱정 마시오." 밑도 끝도 없이 그 말만 하고 전화를 끊었다. 놀랐던 마음이 아직도 떨리고 흥분되어 있었다.

얼마나 겁에 질렸던지, 전화를 걸고서야 뒤로 돌아서 백화점 쪽을 바라보니, 공중에 아! 건물의 반(半)토막이 보이지 않았다.

아파트 단지가 들끓었다. 아파트 동마다 희생자가 생겼다. 주부들이 지하에서 장을 보던 시간이었다. 아비규환의 현장 모습이 TV를 타고 세계에 알려졌다. 세계의 건설시장에서 우리 기술이 수출되고 우수한 평가를 받는다는데, 국내에서는 왜 이지경인가. 국민들은 분노했다. 부정 부조리 불법이 판치는 건설업계와 부패사회의 나쁜 결과라고 국민들의 여론이 들끓었다.

사람의 일이란 한치 앞도 모르는 것. 그날 내 발걸음이 북(北)쪽 출입문으로 향했더라면, '벼락'은 정확하게 내 머리 위에 꽂혔을 것이다. 서예 수업 때문에 서둘러 헬스장을 나오지 않았더라면, 또 A사장을 만나게 되어 두 사람이 얘기를 주고받으면서 남(南)쪽 출입문으로 가지 않았더라면, 어떻게 되었을까. 찰나의 선택과 선택, 그 연속선상에서 또 다른 선택을 해야만 하는 인간들. 순간의 선택과 선택의 연속이 어느 시점에 와서는 생과 사의 운명으로 내몰리는 것 같다. 삶의 편에 서도록 운명 지워짐은 누구의 힘인가, 어떤 힘인가.

사고가 나기 불과 몇 분 전, 나는 이상한 예감(豫感)을 경험했다. A사장과 내가 3층에서 엘리베이터를 탔을 때, 4층에서 혼자 내려온 그 여자 회원의 얼굴이 사색(死色)으로 보였다. 소름이 끼쳤다. 얼굴은 푸르고 차가운 냉기가 덮여 있었다. 베토벤의 데스마스크(death mask)처럼. 결국 지하 주차장으로 내려간 것 같았다.

무려 1,200여 명의 사상자 수습과 현장 정리와 정비에 많은 시간이 소요되었다. 동마다 불행한 일들이 있었기에 이곳을 떠나는 세대가 많았다. 나 역시 혼자만 살아나온 것처럼 죄지은 사람처럼 우울하고 기분이 이상했다. 그 옆을 지나다니면서 현장의 합동분향소에 자주 들러 고인들의 명복을 진심으로 빌며 분향을 하곤 했다. 또, 한동안은 고층 건물 지하층 식당 같은 곳은 들어가기가 무서웠다.

사고 후 4~5년이 지났을까. 그 자리에는 고층 주상복합 건물이 들어서고 있다. 무려 1,200여 명의 사상자(사망 502명, 부상 714명)가 난 그 자리에. 인간의 잔인함을 보는 것 같아서 마음이 아프다.

삶과 죽음의 갈림길. 운명은 두려운 것. 내 남은 생애를 무엇에 바칠까. 두렵고 긴장된다.

(2000)

산바람 바닷바람

스위스에서 살고 있는 H군이 오랜만에 고향엘 다니러 왔다. 그는 고향 방문 때마다 국내 여러 곳을 여행한다 했다. 이번에는 지리산(智異山)을 다시 보고 싶고 얼마 전 준공한 새만금방조제를 구경하고 싶어 했다. 함께 만난 몇몇 친구들이 동승해 가기로 했다.

C군의 차는 경부고속도로를 달리기 시작한다. 6월의 산야는 푸르고 아름답다. 초록색 들판을 차는 신나게 달린다. 차창으로 전개되는 시원한 파노라마, 멀리 보이는 산세의 흐름이 멋있고 가까이 있는 산들도 갈수록 울창하다.

울창하고 아름다운 저 산림들이 어찌 하루 이틀에 이루어졌겠는가. 수많은 사람들의 땀과 노력의 결과물이다. 벌거숭이 민둥산에 나무를 심자, 수없이 독려하던 일선 말단 행정의 산림직

공무원들. 사방기술자, 산림조합원들, 심고 가꾸고 지켜온 그분들의 땀과 눈물의 결과물이다. 그린벨트(G.B)요 보존 국유림을 지키기 위해 항공촬영을 하면서 지키고 보존해온 그 덕택이다.

시원하게 뻗은 고속도로, 터널, 교량들 흐르는 강물들이 어울려서 한 폭의 멋진 경관을 이룬다. 국토개발의 상징 같은 고속도로, 경제개발의 동인이다. 처음 고속도로는 68년 2월에 착공하여 70년도 7월에 준공된 왕복 4차선 416㎞의 경부고속도로다. 그때 이후, 괄목할 만한 발전을 거듭하여 세계적 수준에 이르러서 수많은 국가에 도로건설 수출에 크게 기여하고 있지 않은가. 고속도로 공사를 착수할 때만 하더라도 그렇게도 반대만을 일삼던 소위 정치지도자들 한심한 생각이 든다.

대대로 물려받은 농지와 선영마저 사라지게 되었으니 주민들은 결사반대를 할 수밖에. 설득하고 이해시키고 갈등과 어려움을 풀어가려고 애쓰던 일선 현장의 고충이야 오죽했으랴. 그 고장 출신 면장과 면 서기, 마을 이장들. 그분들이야말로 음지에서 일하는 참 일꾼들이다.

산 아래 앉은 마을이며 주택들이 해마다 달라진다. 가난하던 옛날, 초가집도 개량하고 마을길도 넓히던 그 시절을 생각하니 반갑고 놀랍다. 외국의 어느 마을을 갖다 놓은 것 같다. 마을회관, 경로당, 작은 공원, 유치원, 아이들의 놀이터까지. 냇물이 흐르는 물줄기를 바로잡고 호안을 쌓고 마을운동장으로 만들었다. 수도권을 약간만 벗어나도 푸르른 자연이 우리를 반겨준다.

달리는 차 안에선 H군의 지난날 유학생활 이야기가 한창이다. 외국유학이 많지 않던 시절이라 장학금을 받고 유학가던 이야기. 외국생활의 어려움, 코피를 쏟아가며 그들과 경쟁하던 이야기. 논문 발표를 위해서 밤을 새워 연구에 몰두하던 이야기 등. 미국 원자력 연구소로 옮겨간 이야기. 국내 어느 연구기관장으로 올 것이라던 이야기. 쥬리히 공대 물리학부에서 세계에서 모여든 영재들을 가르치던 이야기 등 한없이 이어진다.

차는 경부고속도로를 벗어나서 대전 진주간 고속도를 타는가 했더니 벌써 지리산 자락으로 접어들고 있었다. 곧 남원시(南原市) 주천면. 면사무소를 지나고 산을 향해 한참을 올라간다. 구룡계곡과 달궁계곡을 뒤로하고 계속해서 가파른 능선으로만 자꾸자꾸 올라간다. M군 같은 지리산을 여러 차례 등반한 친구들은 산속 지리도 훤하다. 그의 설명을 들으면서 한참 동안 올라가니 산 능선 서쪽 성삼재(性三峙)에 도착한다. 몇 년 전 관광버스로 와 본 기억이 난다. 주차장이 훌륭하게 정비되어 있지만 사방으로 바라보는 전망이 좋다.

아! 장엄하고 신령스런 지리산. 주봉인 천왕봉(天王峯: 1,915m)을 중심으로 흐르는 산세가 참으로 아름답다. 구름 위로 내민 봉우리들. 노고단(1,507m), 임걸령, 삼도봉(1,499m), 토끼봉(1,534m), 형제봉(1,452m), 칠선봉(1,588m), 연하봉(1,730m) 등. 뿐인가, 칠선계곡, 백무동계곡, 뱀사골, 피아골, 화엄계곡, 중산리 계곡 등등 갈래갈래 뻗어져 나간 산줄기와 깊고 긴 계곡들이 주봉을 향하여 일제히 줄을 섰다.

나려(羅麗)시대 이래의 고찰들이 지금도 40~50여 개소에 이른다. 최대 가람 화엄사(華嚴寺)며 고운(孤雲) 선생과 인연 깊은 쌍계사(雙磎寺)가 아직도 건재하고 고승 대덕들을 배출하고 있다.

조상들은 영산(靈山)의 품속에서 살아왔다. 재난으로부터 목숨을 구해주고, 넓은 품으로는 어렵고 불쌍한 사람들을 포근히 감싸줬다. 집 없고 배고프고 세상에 지친 이가 찾아오면 온갖 먹을 것을, 초근목피라도 아끼지 않았다. 비바람 눈비도 추위도 피할 곳을 서슴없이 내주었다. 호랑이보다 무섭다던 탐관오리의 가렴주구에 못 이겨서 도망쳐 오던 억울하고 하소연 할 곳 없는 민초들의 얘기도 귀담아 들어 주었다. 종국에는 불문곡절 찾아오는 사람들을 가리지 않았으니. 그래서 '빨치산'도 이곳으로만 파고들었던가. 열병처럼 앓았던 우리들의 현대사의 아픈 현장. 오늘도 지리산은 말이 없다.

일행은 저녁 늦게 함양군(咸陽郡) 마천면 백무동 골짜기 C산장에 닿았다. 맑은 공기를 폐부 깊숙이 들이마시니 맑은 산정기가 오장육부로 스며드는 듯한다. 흐르는 계곡물을 두 손으로 떠 마신다. 청정한 물맛이 과연 일품이다. 신토불이 산채 저녁밥상이 참으로 좋았다. 계곡의 밤공기가 제법 쌀쌀하지만 더없이 상쾌하다. 쏟아지는 별들이 손에 잡힐 것만 같다. 선경이 따로 있으랴. 그런데 이 깊은 계곡에 산장과 펜션이 들어서다니. 국립공원 관리사무소의 야영시설도 따로 있건만. 옛 화전민들의 남은 터전인가. 70년대에 이미 정리가 끝난 줄 알았는데. 아무리 먹고살기 위해서라지만… 혼자만의 걱정일까.

이튿날 아침, 서북쪽으로 방향을 잡기 전에 구례(求禮)군 토지면에 있는 중요 민속자료 운조루(雲鳥樓)에 들렀다. 조선후기 영조 52년(1776년) 낙안군수 류이주(柳爾胄)가 지은, 당시 귀족계급들의 주택이다. 안채, 사랑채, 행랑채, 그리고 사당과 연당 등을 갖춘 전형적인 양반가옥이다. 특이한 것은 '쌀뒤주'였다. 주변의 가난하고 어려운 이들을 위해서, 그들이 굶지 않도록 약간의 양식을 가져가도록 배려한 그 뜻. 뒤주 몸통에는, '타인 능해(他人能解)'라는 글자까지 써놓았다. 그 시대 양반들의 '노블리스 오블리주의'의 변형이라 할까, 참으로 신선한 충격이었다. 남원(南原) 실상사(實相寺)에도 들렀다. 구산선문(九山禪門) 중 으뜸사찰인, 통일신라 흥덕왕(828년)때 증각대사(證覺大師) 홍척(洪陟)이 세운 절로서 귀한 국보와 보물을 많이 지녔다지만, 천년 세월 흐름 속에서 낡고 훼손되어 가는 것이 안쓰러웠다. 어린 불자의 눈에도 천 년의 기품이 엿보이는 듯 했다.

남원(南原)땅을 떠나 담양(潭陽), 정읍(井邑)을 거쳐 부안(扶安)의 변산반도(邊山半島)에 도착했다. 바다 냄새가 풍기는 D콘도에 여

장을 풀었다. 바닷가 횟집에서 어린 시절로 되돌아간 듯 오랜만에 회포를 풀었다. 해질 무렵, 바닷가를 거닐다가 낙조가 일품이라는 조용한 카페에 앉았다. 아름다운 낙조를 닮고 싶어서. 짓궂은 바다 안개가 시샘만 했다.

다음날 오전, 드디어 새만금방조제(防潮堤)에 도착했다. 한 편의 대서사시였다. 1991년 11월부터 시작하여 2010년 4월까지, 약 두 달 전에 준공을 본 어마어마한 공사다. 19년간의 공사기간에 무려 2조 9천억 원이라는 천문학적 사업비를 투자하여 완성한 33.9㎞의 세계 최장 방조제다. 지금까지 세계 최장 방조제로 알려진 네덜란드(Netherlands)의 주다치 방조제(32.5km)보다 더 길다고 한다.

만경강(萬頃江)과 동진강(東津江)하구의 굴곡진 100㎞의 해안선이 비응도~고군산도(古群山島)~변산반도(邊山半島) 사이를 연결하는 33.9km의 직선 방조제로 바뀐 것이다. 전북(全北) 군산시(群山市), 김제시(金堤市), 부안군(扶安郡)의 공유수면이 40,100ha의 용지로 변하면서 여의도 면적의 140배에 달하는 새로운 토지가 조성되는 것이다. 2020년까지 내부개발 사업이 진행될 것이다. 넓은 그곳엔 종합 농수산시범단지, 항만과 도로 등 간접자본시설이 들어서면서 국제무역항의 기반이 구축될 것이고 서해안시대의 교두보가 될 것이다. 세계의 우수한 연구기관과 학자들의 연구 끝에 마련된 국가 백년지대계의 역사적 현장이다.

역사적 쾌거다.

젊은 시절, 외로이 외국유학을 떠나서 평생을 그곳에서 살아온 그가, 나이가 들수록 고국산천이 그립고 흘러간 옛날이 그리웠던 것이다. 대학자가 되어서 세계의 석학들과 학문을 논의하고 각국에서 모여드는 준재들과 더불어 살아가고 있지만 흙냄새 풍기는 옛 고향만한 곳이 그 어디에 있겠는가. 산바람 바닷바람 마시며 고향산천 찾아다니는 멋있는 친구들.

(2010)

2.

밤차를 타고

어머니의 재봉틀

가을 햇살이 따사롭게 거실을 비추던 어느 일요일 아침이었다. 아내는 집안 여기저기를 정리하더니 아이들 방에 딸린 벽장을 정리하고 있었다. 그런 저런 물건들인 것 같았다. 시집가는 딸이나 며느리에게 주고 싶어 모아둔 것이겠지. 무심코 안을 들여다보다가 발아래 놓인 보자기로 덮인 나무상자를 만졌다. 아! 어머니의 손재봉틀이 아닌가.

놀랍고 반가웠다. 어머니 돌아가신 지 어언 20여 년, 다시 만난 반가움. 참으로 오랜만에 보는 재봉틀이었다. 생전에 애지중지 아끼시던, 땀과 눈물이 밴 손때 묻은 재봉틀이 아닌가. 어머니와 애증(愛憎)을 함께하던 그 재봉틀은 나에게도 예사롭지가 않다. 고향 땅을 떠나면서 서울로 농촌으로 다시 또 서울로, 고속도로를 몇 차례나 오르내렸는데도 이삿짐 속에 고이 넣어 간

수해온 아내가 참으로 고마웠다.

어린 시절엔 모두들 가난했다. 농촌 아낙들은 논농사 밭농사에 하루 종일 매달려도 식구들의 끼니 걱정이 그칠 날이 없었다. 보릿고개는 서러웠다. 그러고도 밤에는 길쌈하랴 다듬이질하랴 밤을 지새운다. 앉은뱅이 재봉틀 앞에 앉아 아이 어른 가릴 것 없이 옷가지를 만들어 입혔으니 고단한 허리를 펼 날이 없었다.

객지로 먼 길 떠나신 젊은 아버지는 아직도 소식이 없는데 자정이 가까워서야 어머니는 지친 몸을 누인다. 어린 형제를 따뜻한 아랫목에다 잠재우고 어머니는 혼자서 재봉틀 앞에 앉는다. 겨울 밤바람이 세차게 불고 문풍지가 무섭게 소리 내어 울던 밤이다. '덜 덜 덜' 손으로 돌리시던 어머니의 재봉틀, 그때 그 소리가 지금도 내 귓전에 들리는 듯하다.

진작에 잠이 들지 않았던 나는 '덜 덜 덜' 재봉틀 소리와 함께 섞여 나오던 희미한 어머니의 흥얼거리는 소리를 듣는다. 잔잔히 읊조리는 그 사설은 흐느끼듯 호소하듯 구슬픈 가락이었다. 당신의 가난하던 어린 시절을, 고루하고 답답하던 시댁 분위기를, 읊조리고 흥얼거린 그 가락은 당신의 한(恨)이 맺힌 시름이었다. 저 세상으로 일찍 보낸 어린 자식 생각에 찢어지는 어미의 아픈 가슴을 짜내는 소리였다.

구슬픈 가락에 나도 몰래 뒤집어 쓴 이불, 베개에 눈물을 적신 채 잠이 들었다. 자다가 깨어보면 아직도 '덜 덜 덜' 재봉틀 소리가 났다. 기나긴 겨울밤에도 어머니는 자지 않고 바느질만 하셨다.

재봉틀과 바느질 상자, 인두가 꽂힌 화로가 놓여있던 겨울 방 아랫목은 어머니와 함께하는 나의 공부방이었다. 박혁거세(朴赫居世) 이야기, 고주몽(高朱蒙)과 그 아들 '유리'의 이야기, 성춘향과 이도령, 암행어사 출두, 아브라함 링컨의 어린 시절 이야기 등 슬프고 재미있는 이야기는 끝이 없었다.

재봉틀이 놓여 있던 따뜻한 방 아랫목은 어머니의 가슴속 얘기를 듣는 사랑방이었다. 재봉틀을 돌리면서 당신께서 어려웠던 어린 시절 이야기, 당신이 못 이룬 한과 꿈 이야기 그리고 가난했지만 올곧은 조상들의 이야기도 들려 주셨다.

어머니의 손길이 닿고 재봉틀로 바느질한 옷에는 어머니의 사랑이 흠뻑 젖어 있었다. 해어진 어른들의 옷도 내복도 어느새 아이들의 옷과 내복으로 만들어내고, 조각보를 대어서 기운 바지도 셔츠도 꿰맨 양말에도 따뜻한 사랑이 흘러 넘쳤다. 명절 때 간혹 사주시던 새옷도 달갑지 않았다. 학교 반 아이들도 언제나 꿰맨 바지 그대로였기에.

당신의 생활은 알뜰하고 근검절약 그대로였다. 이웃의 굶주림과 고통을 마음 아파하고 가난으로 공부할 수 없는 아이들을 위해서 장학적금까지 마련하였으니 가정주부로서 결코 쉬운 일은 아니었다.

이제는 살기 좋은 세상이 되었다. 대대로 물려받은 가난을 탈피하고 모두가 노력하여 나라의 경제는 번창했고 중진국의 대열을 넘어서 선진국의 문턱까지 다다랐다. 가난했던 옛 시절, 우리의 어머니들이 바느질로 어렵게 살아가던 그 시절을 요즈음 자라나는 아이들은 상상인들 하겠는가.

질 좋은 옷감에다 세계의 유행을 따라가기 바쁘다. 그렇지만, 사려 깊고 현명한 젊은 세대라면 옛날 부모 세대의 어려움을 조금이라도 이해하고, 옛날을 한 번쯤 생각게 하는 것은 참으로 좋은 정신교육이 될 것이다. 내가 살고 있는 아파트 단지 주변에도 자그마한 옷 수선가게가 있다. 어디서나 알뜰 주부는 있는 것 같다.

지금은 박물관에나 가야 볼 수 있을 터이지만 억척같이 살아오신 어머니의 땀과 눈물, 손때 묻은 재봉틀을 바라보고 있으면 한없는 자식 사랑에 저절로 고개가 수그러지고 눈시울이 뜨거워진다.

(2003)

꿀과 참기름

오늘도 고향에 계시는 망백의 아버님께 안부 전화를 한다.

"여~는 별일 엄따. 허리 아픈것또 요세는 마이 조아젓꼬, 건는것또 조아젓따. 할매가 몸이 쫌 안조아서 지금 병원에 침마저러 가고 엄따. 너거는 별일 엄나?"

이순이 넘은 자식도 손자들도 일일이 안부를 묻는다.

환갑도 채 못 넘기시고 어머님이 일찍 돌아가셨다. 나래 잃은 새처럼 의기소침해진 아버님은 더욱 늙어 보였다. 모시고 있는 막내가 정성을 다하지만 마음의 공허감을 어이하랴. 어머님 생전엔 내외분이 금슬 좋고 자식 사랑 각별하여 슬하의 자식들도 잘 자라서 남부러울 것 없는 부부라고 칭송도 들었건만, 지금의 상실감과 허탈감은 오죽했으랴. 슬프고 안쓰럽기 한이 없다. 오남매의 맏이에 기울인 애정과 사랑 또한 누구보다 컸기에 그만큼 내 마음은 두고두고 아렸다.

이제는 고향 가서 살아야지. 장남으로 집안 대소사에도 관여하고 아버님을 옆에서 모시고 살아야지. 그렇게만 한다면 어머님이 계시지 않는 집안의 예상되는 사소한 가정사의 시름도 일어나지 않을 것이다. 고향으로 가야지. 이젠 내 집으로 가야지. 그게 순리가 아닌가.

두어 달 번민의 시간을 보내다가 나는 지방 근무를 자청했다. 또 초조한 몇 달이 지나자 요행히 인사이동 계기가 생겼다. 고향 가까운 K도의 S군으로 발령이 났다. 고마운 배려였다.

70년대 중반, 그야말로 전국 방방곡곡이 새마을운동으로 열기가 한창 불붙고 있을 때였다. 아침에 사령장을 받으면 당일 일과시간 안으로 부임하라는 훈령이었으니, 고향에 홀로 계신 아버님의 얼굴도 못 본 채 전화로만 소식을 전할 수밖에.

맏이의 형편을 잘 아는 마음 착한 동생들. 그 무렵, 뜻을 모아 새어머님을 모시기로 했다. 두 분이 따로 작은 연립주택을 마련하여 지내시니 집안 문제들은 자식들의 몫으로 처리되었다. 모두가 감사하는 분위기요 두 분께서 건강하게 사시기만 바랄 뿐이었다.

지방행정 최일선 군수의 막중한 업무와 역할은 새삼 말할 필요도 없지만 내 인생의 첫 관문이요 시험대였다. 부락마다 새마을 사업은 한창 불붙어 주택개량 사업도 가꾸기 사업도 농촌기

반 조성사업도 소득증대 사업도 모든 것이 활발하게 진행되었다. 초년병 군수는 물불 가리지 않고 최선을 다했다. 드디어 S면의 소득증대사업 성공사례를 경제동향 보고회에서 대통령께 보고하는 영예도 가졌다.

그러던 어느 날, 다시 중앙근무로 발령이 났다는 전통을 받고 급히 상경하였으니…. 그리고도 지방과 서울을 몇 차례나 오르내렸으니 가정은 물론이요, 아이들 교육 또한 고충이 이만저만 아니었다. 하여, 일부러 날을 받아 형제는 고향의 아버님을 뵈러 KTX를 탄다.

"야들아. 비싼 차비 더러 가맨서 무할라꼬 일부로… 안 와도 되는데…. 전화하면 안대나…." 그러면서 반가워 붙잡은 손을 어루만지고 놓을 줄 모른다.

직장 얘기며 집안 얘기도 궁금한 것 일일이 물으신다. 손자들의 학교 얘기를, 학교에서 공부도 잘한다는 얘기를 들으면 제일 좋아 하시곤 주름진 얼굴에는 함박웃음이 피어난다. 바다 같은 사랑이리라.

미리 준비해 간 약간의 용돈도 두 분께 드린다. 너희들도 없을 텐데 노인네가 무슨 돈이 필요하냐면서 손사래를 젓지만 흐뭇해한다. 두 분의 건강이며 잡수시는 것까지 전화로 다 알고 있는 일이지만 자상하게 여쭙는다. 밖에 마실 나가실 때는 혼자서 바깥출입 하지 말고 두 분이 함께 가시도록 당부한다. 구부

정한 허리에다 지팡이를 짚고 나가시는 그 모습이 걱정스럽다. 어릴 적에 길조심 차조심 하라고 타이르시던 어버이의 말씀을 오늘에 내가 다시 되뇌고 있으니 흐르는 인생의 한 단면을 연상케 한다.

아버님은 언제나 의지하던 든든한 바위였다. 어려울 때나 괴로울 땐 포근히 감싸주던 넓은 가슴이었다. 물심양면의 뒷바라지로 대가없이 공인의 생활을 마무리할 수 있게 해준 전능한 후원자였다. 살아 계신다는 사실만으로도 내게는 더없는 행복이고 축복이었다. 끝없는 사랑이었다.

가슴 아린 옛 일이 떠오른다. 부임하던 첫날부터 행사장과 새마을시범 사업장을 분주히 다녀야만 했다. 부임한 지 3, 4일쯤 되던 토요일이었다. 고향 집에 혼자 계실 아버님이 놀랍게도 관사를 찾아 오셨다. 너무나 놀랐다. 회의가 가끔 있기에 상도(上道)하는 기회에 뵙기로 생각했는데. 무더운 여름 격무에 시달릴 아들의 건강을 염려하여 꿀과 참기름병을 들고 수 백리 버스길에 흔들리면서 찾아오신 아버님. 자식에 누가 될까 기별도 하지 않고 길을 물어 읍내 관사까지 찾아오시다니.

코끝이 찡했다. 나래 잃은 새처럼 의기소침하고 더 늙어만 보이시던 초라한 그 모습으로 돌아가신 어머님의 빈자리를 대신해 주려는 애틋한 부정(父情), 끝없는 자식사랑이었다. 아무려면 군수인 아들이 꿀과 참기름을 못 구하랴. 남의 시선도 체면도 가리지 않고 오로지 자식의 건강만을 생각하며 무거운 병을 갖고 오신 초췌한 그 모습에 속으로 눈물을 삼켜야만 했다.

조용한 저녁 시간에 바닷가 횟집에서 부자는 마주 앉았다. 거나하게 취하신 아버님, "너거 엄마가 살았어모 얼마나 조켄나." 아버님은 끝내 목이 메었다.

이 세상 어느 부모인들 자식사랑이야 끝이 있겠는가마는, 살아온 고비마다 당신이 겪은 눈물의 일화들을 반추해 보면 끝없는 자식사랑에 세 아이의 아비인 나도 저절로 고개가 숙여지는 부정이었다.

수화기를 통해서 들려오는 아버님의 목소리가 귓전을 맴돈다.

"야야, 내 걱정 말고 너거 형제 건강 갈리나 잘 하거라. 그라고, 아~들 잘 키워라."

(2004)

매미소리

한여름이 되니 조용하던 아파트 단지가 매미 울음소리로 시끄럽다. 은행나무, 벚나무, 나무란 나무에는 놈들이 울고 있다. 손가락만한 작은 녀석이 울음은 왜 그리도 큰지. '맴맴맴, 쉘 쉘 쉘' 쉼 없이 울어댄다.

땅 속에서 4~5년을 유충으로 지내다가 번데기로 변한 후, 다시 껍질을 벗고서야 성충이 된다. 놈들은 배 아래쪽에 V자 모양의 발음기가 있어, 조도와 온도에 따라서 소리의 크기도 다르다고 한다. 짝을 찾는 소리다. 어떤 놈은 사람의 청력에까지 장애를 일으킬 정도라고 한다. 옛날 미개한 시절, 고대인들은 땅에서 개구리가 울고 나무에서 매미가 울어야 여름철 비를 불러 모아 농사를 짓는다 믿었다.

매미소리를 듣는 사람들도 느낌이 다를 것이다. 시원한 느낌을 갖는 사람이 있는가 하면, 더위를 부채질하고 짜증만 나게 한다 하여 몹시 싫어하는 사람들도 있을 것이다. 나무그늘 아래에서 한가하게 부채질하는 나이 많은 할아버지, 그리고 선풍기 앞에서 독서삼매에 빠져있는 아이들의 생각이 다를 것이다. 한편 뜨거운 태양 아래 중노동을 하고 있는 근로자들, 논밭에서 농사짓는 농부들의 생각이 또한 다를 것이다. 농촌에서 태어나고 자란 사람들에게는 또 남다른 추억거리가 많을 것이다. 여름이면 들로 산으로 냇가로 쏘다니면서 고기 잡고 잠자리, 매미잡기에 하루해를 보내던 어린 시절이 떠오르기도 할 것이다.

초등학교 1학년 해방 무렵이었다. 소달구지에 피난 보따리를 싣고 흙먼지 날리는 자갈길을 따라 어머니와 함께 큰집으로 소개 가던 그 시절. 신작로 가로수에는 매미 떼가 새까맣게 붙어서 시끄럽게 울고 있던 그 기억들. 마을 아이들과 어울려서 놀던 추억들이 잊히지 않는다.

큰집이 있던 마을은 높은 뒷산 아래에 위치한 아담한 마을이었다. 날만 새면 마을사람들은 들로 산으로 나가고 없다. 텅 빈 초가집 마당에는 누렁이 혼자 집을 보고 있다. 집집마다 감나무 위에서는 매미 떼가 시끄럽게 울고 있었다.

방학을 맞은 아이들도 힘든 농사일에 부모님을 돕는다. 소 먹이랴 꼴 베랴 땔나무 하랴, 그들의 작은 지게 위에도 땔나무가 한 짐 가득하다. 하지만 이웃집 작은 아이들은 어울려서 송사리, 미꾸라지, 매미, 잠자리 잡기에 신명이 나서 들로 산으로 해질 녘까지 쏘다닌다.

어른들은 땡볕 아래 논밭에서 비지땀을 흘린다. 여름의 벼 포기는 무럭무럭 자란다. 김매기에 한창이다. 하얀 수건을 이마에 질끈 동여매고 삼베 바짓가랑이는 둘둘 말아서 걷어 올린 채, 건장한 장정들이 논바닥에 한 줄로 엎드려 김을 매고 있다. 구릿빛 주름진 얼굴에는 풍파에 씻긴 흔적들이 남아있다.

뜨거운 햇빛을 받으며 한 줄로 엎드렸다 일어섰다 반복한다. 한참 동안을 그러다가 모두들 논두렁으로 나온다. 잠시라도 쉬기 위해서다. 도랑가 미루나무 그늘 아래에는 벌써 넓은 멍석이 깔려있다. 곰방대를 꺼내 물고 부싯돌을 붙여서 한 모금의 담배를 태운다. 맛있는 담배 한 대, 이어서 새참 막걸리 한 사발을 단숨에 들이켜니 꿀맛이다.

논매기를 계속하자 누구의 입에선지 노랫가락이 흘러나온다. 모두가 따라 부른다.

> 아범 죽어서 앞산 묻고, 어맘 죽어서 뒷산 묻고, 두 쌍구라 한가운데 새벌 상추로 갈았더니… 생략…
>
> – 「논매는 노래」(동래향토지, 1993.)

무엇을 말하는지 알 수 없지만 구슬픈 가락이었다. 가끔 내

뱉던 휘파람소리는 누구를 향한 원망의 소리 같았다.

미루나무 숲에서는 아침부터 하루 종일 매미가 울고 있다. 개울가에서 송사리를 잡고 놀다가 심심해지면 나는 뒷밭 언덕으로 올라간다. 원두막에 올라서 냇가 건너편 먼 마을을 바라본다. 내리쬐는 뜨거운 햇빛 아래 그 마을에도 사람의 그림자는 보이지 않고, 매미소리만이 바람결에 들려오곤 했다. 해는 기울어 가는데 어른들은 집으로 돌아갈 생각을 않는다.

열심히 농사지어도 군량미로 빼앗기고 식구들의 식량조차 힘들었으니, 해마다 맞는 보릿고개가 무서웠다. 한일합방으로 나라가 없어졌는데 젊은 너희 놈들이 공부는 해서 무엇에 쓰겠느냐. 한학을 공부하고 서원 훈장을 하시던 할아버지의 자조 섞인 일갈에 옹고집에 가세만 기울고 빈곤의 악순환만 계속되었다. 누구를 원망하겠는가. 등잔불 밑에서 부지런히 새끼도 꼬고 가마니도 짜야 하고 길쌈도 한다.

여름철 매미소리를 들으면, 가난하지만 목가적인 농촌 모습과 땡볕 아래 김매던 농부들의 검게 탄 얼굴, 논가에서 송사리 잡고 놀던 어린 내 모습이 담긴 한 폭의 수채화(水彩畵)가 떠오르니 그렇게 아름다울 수가 없다.

(2009)

작은 꽃밭

어제부터 봄비가 가랑비로 내리더니 오늘은 안개비로 변했다. 지금쯤은 싹이 텄을까, 빗물에 씻겨가진 않았겠지. 조심스레 우산도 없이 아파트 1층 창가 화단으로 나갔다. 이른 봄, 흙을 뒤진 곳을 가만히 들여다보았다. 가냘픈 새싹들이 살며시 고개를 들기 시작한다. 내가 만든 작은 꽃밭에서 그들을 만날 게다.

어느 날 동네 '우면산' 산책길에서였다. 산 입구 텃밭에서 푸성귀를 다듬던 하얀 수건의 허리 굽은 할머니를 보았다. 돌아가신 내 어머니의 옛 모습이 떠올랐다. 언제나 머리에는 하얀 수건을 쓰시고 안개비 내리는 뒷마당 텃밭에서 채소를 가꾸고, 앞마당 꽃밭에선 온갖 꽃들을 손질하던 모습이 생각났다. 봉숭아, 채송화, 백일홍, 나팔꽃, 맨드라미, 접시꽃, 달리아, 장미꽃 온갖 국화꽃들이. 담장 밑으로는 코스모스, 깨꽃, 해바라기 또 영산홍, 산수유, 목련들이 줄 서 있었다. 마당 둘레에는 몇 그루의 감나무도 있었지.

일요일 아침이었다. 혼자서 꽃밭을 가꾸시던 어머니가 안채를 향해서 형제들을 부른다. 늦잠 자지 말고 어서들 꽃밭으로 나오라 한다. 비옷도 걸친 듯 만 듯 우루루 달려간다. 화분에 고운 흙과 밑거름을 채우거나 꽃모종을 심는 등 일손을 돕는다.

꽃나무란 때맞춰서 거름을 주고 물도 주고 잡초도 뽑아줘야만 예쁘고 탐스러운 꽃을 본다. "세상에 힘들이지 않고 저절로 되는 것이 어디 있더냐." 어머니의 한 말씀도 빠지지 않는다. 형제들은 열심히 어머니의 일손을 돕는다. 빡빡 깎은 중머리가 안개비에 다 젖어도 손발은 흙투성이가 되어도 우리는 즐거웠다.

소년도 꽃을 좋아했다. 나의 공부방 창문 아래 양지바른 곳에는 온갖 색깔의 채송화가 무리지어 피어났다. 작고 예쁜 색색가지 꽃들이 봄부터 여름 내내 쉼 없이 피고지곤 했었다. 깨알보다 작은 씨앗들이 거친 땅을 뚫고서 돋아나는 신비함, 어린 내 눈에도 신기하게 보였다. 학교에서 오전 수업만 있던 날, 집에 돌아와도 같이 놀아줄 동무가 없었다. 심심해진 나는 꽃밭으로 간다. 날아드는 나비며 잠자리 잡기에 재미있다. 어쩌다 꿀벌을 쫓으려다가 꽃밭에 넘어지면 꽃을 망가뜨린다고 꾸중을 듣는다. 꽃이란 그대로 두고 보는 것이지 함부로 꺾어서는 안 된다고 하셨다. 하지만 때로는 몰래 한 묶음 꺾어다가 앉은뱅이 책상 위에 꽂아놓고 꽃향기 맡으려 연신 코를 들이댔다.

수많은 세월이 흘러가고 우리들의 생활모습도 서구화되어가고 삶의 질도 엄청나게 변했다. 일상생활의 수준도 모습도 몰라보게 향상되었다. 선진국의 지식과 기술이 농산물 생산과 화훼산업에 이르기까지 물밀듯이 들어왔다. 옛날엔 이름도 모양도 몰랐던 수많은 꽃들의 육종과 재배기술의 도입으로 지금은 화훼산업이 외화획득의 몫을 차지하고 있다니. 시클라멘, 베고니아, 히아신스, 안시륨, 거베라, 포인 등 수천 수만 가지의 예쁘고 매혹적인 꽃들의 포로가 되어 살아가고 있다.

옛 소년이 함께 놀던 그들은 다 어디로 갔는가. 예쁘고 요염한 외래종 꽃들에 둘러싸여 지난 세월이었지만, 옛날의 그들이 보고 싶다. 오랫동안 고향을 떠난 사람처럼. 어느 날, 산을 오르다가 외진 마을 어느 집 담 밑에서 하늘거리던 코스모스, 봉숭아, 채송화, 맨드라미까지 초라한 행색으로 변한 그들을 오랜만에 만났다.

씨앗을 구해 가꾸고 싶었다. 봄날에 지나가는 길가 묘목장마다 그들을 찾았지만 부끄러워 숨었는지 보이질 않았다. 어느 해 봄날, 종로 길바닥에서 채송화, 봉숭아 모종을 사다가 심었지만 실패하고 말았다. 상업성이 없어서라는 모종장수의 말이 생각났다.

그때 이후부터 야외로 갈 때마다 임자 없는 밭 언저리나 길가

집 마당가에서 꽃씨를 모았다. 요즈음도 주택가 골목길을 지나다가 우연히 어느 집 마당가에 피어있는 그들을 보게 되면 눈길이라도 주곤 한다.

(2009)

어떻게 키운 자식들인데

백수(白壽)를 바라보는 늙으신 아버님이 요즈음은 눈물을 자주 비친다. 어떤 때는 "살 만큼 살았으니 이제는 떠나야지…." "내가 어떻게 키운 자식들인데…." 하시면서 만나고 헤어지는 자식들의 뒷모습을 보면서도 눈물 짓곤 하신다.

올망졸망 오 남매를 키우고 가르치느라 힘겹던 지난 세월이 주마등처럼 뇌리를 스치며 그 시절이 생각나는 눈물일까. 어느새 흰 머리의 노년이 되어서 당신의 슬하로 다시 모여드는 그 모습이 너무도 흐뭇하고 대견스러워 나는 기쁨의 눈물일까. 언젠가는 떠나가야 할 몸이지만 사랑스런 자식들을 두고서 떠나야 하는 걸 생각하니 서글픈 생각이 들기 때문일까. 살아계시는 것만으로도 나에게는 든든한 바위 같은 어른이신데.

제가 부모가 되어봐야 부모의 속 깊은 마음을 안다고 했지만 어찌 다 알 수 있으랴. 자식 위해 평생을 바치지 않는 부모 있겠느냐마는 나의 아버님은 남달랐다.

빈한한 농촌에서 태어나서 배움에 한이 많은 분이셨다. 향교 훈장인 아버지는 술로 인해 가세가 기울었고 나라 잃은 놈들이 공부한들 무엇에 쓰겠느냐, 일본놈 앞잡이 노릇만 하다니, 옹고집 때문에 모든 것을 잃었다. 농촌을 박차고 나온 아버지는 남의 밑에서 고생하며 알뜰히 돈을 모았다. 술, 담배도 멀리한 채 저축하여 장가가기 전에 논밭을 마련하여, 고향의 형님들로 하여금 농사짓도록 하였으니 자신에겐 근검절약을 남에겐 언제나 맘씨 좋은 너그러운 적선을 마다하지 않았다.

자식들의 책 읽는 소리를 들으면 먹지 않아도 배가 불렀다고. 오 남매는 학교생활을 통하여 부모님을 항상 기쁘게 해드렸고 속 썩히고 말썽부린 자식들도 없었다.

"저 자식들을 내가 어떻게 키웠는데…." 하시면서 근래에 들어 자주 눈물을 보이신다. 나라와 사회를 위하여 각자의 분야에서 중책을 맡아 열심히 살아가는 것도 보았으니 부모 마음 어찌 기쁘지 않으랴. 어린것을 위해 고생하던 그때가 생각나기도 하는 흐뭇하고 기쁜 눈물이기도 하리라. 세월이 흘러서 어느덧 흰머리가 다 된 늙은 자식들이 또다시 내 품으로 돌아오니 대견스럽고 자랑스러운 기쁨의 눈물이기도 하리라.

늙으신 아버님은 고향을 떠나지 않으려 하신다. 장남인 내가 서울과 지방을 오가는 객지생활을 하다 보니 그동안 고향에서 동생들이 아버님을 모셨다. 지금은 큰 여동생 내외가 늙으신 아버님을 모시고 있다. 서울에서 아이들을 낳고 기르며 생활의 근거지로 삼다 보니 장남의 도리를 다 하지 못한 것 같아 항상 미안한 생각을 갖고 있다.

그 연세에도 기력이 대단하시어 하루가 멀다 하고 노인정엘 가신다. 추운 날, 더운 날 가리지 않는 나들이에 자식들은 마음이 놓이지 않는다. 택시비를 아끼고 두어 정거장 거리의 전철만을 이용하신다. 어린아이(?)를 밖에 내어 놓은 듯 불안해한다. 할아버지를 걱정하던 내 막내딸이 할아버지의 '핸드폰'을 마련해 드렸다. 그동안 여러 차례 권유했지만 손사래를 치시더니 손녀의 제의는 선뜻 받아들인다.

비상시를 대비하여 할아버지의 주머니 속엔 온갖 메모들이 가득하다. 압축번호를 설정해서 '1'번을 누르면 '집', '2'번은 '누구', '3'번은 '누구', 버튼만 누르게 했다. 안경 없이도 숫자가 보이신다니 놀랍기도 하다.

건강을 챙겨주고 걱정해주는 자식들이 고맙기도 하지만, 이따금 "나도 살 만큼 살았으니 이제는 떠나가야지…." 하시면서 또 눈물을 보이신다. 어머님이 일찍 돌아가시고 그동안 외로운 날들을 사셨다. 자식들의 정성이 아무리 깊다 한들 아버님의 마음

속 깊은 외로움을 어떻게 다 헤아리겠는가. 마음의 심연에서 우러나는 고독감과 공허감을 말해주는 슬픈 독백이 아닐까.

옛 한시에 '樹欲靜而風不止, 子欲養而親不待(나무는 고요하고 싶어도 바람이 그치지 아니하고, 자식은 부모를 봉양하고자 하나 부모님은 기다려주지 아니한다)'고 했다. 또 '어버이 살아신제 섬길 일란 다 하여라. 지나간 후면 애닯다 어찌하리. 평생에 고쳐 못할 일 이뿐인가 하노라'고.(송강가사: 松江歌辭)

세월은 쏜살같이 흘러만 가니 아버님 섬길 남은 시간도 길지 않은 것 같다. 마음만 무겁다. 봄, 여름, 가을철 다 보내고 홀로 남은 나목(裸木)같다고들 말하지만, 나에게는 아직도 우람찬 천군만마(千軍萬馬)와 같은 원군이시다.

'부디 오래도록 천수를 누리시길 빕니다.'

(2006)

이슬처럼 맑고 고운

피천득(皮千得) 교수의 아름다운 수필 「인연」을 얼마 전에 다시 한 번 읽었다. 아름답고 향기로운 문학 작품은 사람의 마음을 깨끗하고 가슴 뿌듯하게끔 해준다. 인생이 무엇인지 사랑이 무엇인지 고민하고 괴로워하면서도 삶을 풍요롭게 살찌우기도 하면서 살아간다.

「인연」은 아사꼬와의 이야기다. 오누이처럼 지내던 어린 아사꼬와의 일상사들을 회상한다. 그 뒤 13, 4년의 세월이 흐른 후 일본에 갔을 땐, 어느덧 청순하고 세련되어 보이는 영양이 되어 있었고 영문학도가 되어 있었다. 버지니아 울프의 소설에 대해서도 얘기하던 사이였다. 그 후 10여 년의 세월이 흐르면서 2차 세계대전도 한국전쟁도 있었다. 그러는 세월 속에서도 어쩌다 아사꼬 생각을 하곤 했다. 결혼은 했을 것이고, 전쟁통에 어찌 되지는 않았는지 별별 생각까지 했었다.

54년도에 미국 가는 길에 동경을 들렀다가, 결혼하여 신혼살림을 살고 있는 아사꼬의 모습을 보면서, 선생님은 이번에 아니 만났어야 좋았을 것을 하면서 말끝을 흐린다는 이야기다. 선생의 가슴 속에 남아있던 그 청순하고 이슬처럼 맑고 고운 아사꼬의 이미지가 흐트러지고 혼탁해지는 참담함을 느꼈을까. 수십년간 지녀왔던 꿈들이 안개처럼 사라지는 순간이었을까. 그 꿈들은 살아가는 동안에 청량제와 활력소가 되었을 텐데. 부러운 생각이 든다.

첫사랑을 소재로 한 독일(獨逸) 단편소설 하나를 또 잊지 못한다. 내가 대학 입학시험을 위해서 공부를 하던 사춘기 시절에 빠져 들었던 유명한 독일 단편소설이다. 유년 시절의 우정이 사랑으로 변하고, 백발노인이 되도록 잊지 못한 순애보(純愛譜)이다. 19세기 독일의 시적(詩的) 사실주의(寫實主義) 문학의 대표작가 테오도르 스트롬(Theodor Strom 1817~1888)의 「임멘 호수(Immen see)」라는 작품이다.

스토리의 시작은 대강 이렇다.

어린 시절에 라인하르트와 엘리자베트 두 소년소녀는 이웃에서 자란다. 성장해 가면서 당연히 결혼할 것으로 생각하던 두 사람은 서로 다른 길을 걷게 된다. 엘리자베트는 태어나서 자란 그 고장을 떠나지 않았지만, 라인하르트는 대학을 가기 위해서 고향 땅을 떠나게 된다. 그가 없는 동안에 고향에서는 그의 친구인 에리히가 엘리자베트에게 청혼을 하게 되고 두 사람은 결혼을 하게 된다.

라인하르트의 가슴은 쓰리고 아팠다. 그 후에, 라인하르트는 에리히의 초대를 받아 그의 농장을 방문하게 되고 엘리자베트와도 만나게 된다. 그랬지만 절대로 다시는 찾아오지 않겠다는 라인하르트의 맹세만 남긴 채, 두 사람은 끝내 헤어지고 만다. 작가 자신의 자전적(自傳的) 소설이라고도 하는 이루지 못한 첫사랑의 아픔을 그린 단편이었다.

얘기의 마지막 부분에서, 첫사랑의 아픔과 회한을 그린 것이 너무나 인상적이다. 늦가을 어느 날 오후, 눈처럼 하얀 머리의 단정한 옷차림을 한 노인이 지팡이를 팔에 걸고 산책을 마친 후 집으로 돌아오던 길이다.

석양(夕陽)에 물들어가는 시가지를 멀리 바라보더니 높은 합각머리 지붕을 한 집 대문 앞에서 초인종을 누른다. 늙은 가정부가 나와서 그를 안으로 안내하여, 집안 좁은 복도를 지나 계단을 올라간다.

그의 서재는 아늑하고 조용한 방이다. 한쪽 벽에는 서류함과 책장으로 채워졌고 다른 한쪽 벽에는 초상화와 풍경화들이 걸려 있다. 책상 위에는 몇 권의 책들이 펼쳐져 있고 붉은색 실크 방석이 깔린 묵직한 등받이 의자가 놓여 있다.

노인은 모자와 지팡이를 방 한쪽 구석에 세워 놓고 산책으로 피곤해진 몸을 묵직한 등받이 의자에 기댄다. 방은 차츰 어두워지더니 마침내 유리창을 통해서 한줄기 달빛이 흘러 들어와 벽에 걸린 조그만 액자 위에 머문다. 노인의 두 눈은 달빛을 뒤쫓다가 무심결에 검은 액자에 끼워져 있는 작은 초상화를 보게 된다. 그 순간, 노인의 입에서는 '엘리자베트!' 하며 첫사랑의 이름을 나직한 목소리로 새어 나온다. 그는 회상에 잠긴다. 라인하르트와 엘리자베트의 소꿉장난 어린 시절로 되돌아간다. 단편소설은 이 장면에서 끝을 맺는다.

사랑의 열병도 앓아보고 실연의 아픔도 겪어본 사람이야말로 멋진 인생을 살았다는 소릴 듣지 않겠는가. 수필이건 단편이건 그 어떤 문학 장르이든 간에 사랑의 기쁨과 슬픔을 주제로 하는 문학작품이 쉼 없이 창작되고 사라지고 하는 것인가.

(2007)

음악 사랑

나는 음악을 좋아한다. 잘 다루는 악기도 없고 목청이 좋아 노래를 잘 부르는 것도 아니다. 그저 좋아할 뿐이다. 어느 날, 우연히 한적한 주택가 골목길을 지나다가 어느 집 창가에서 들려오는 어린아이가 치는 피아노 연습곡 소리가 참 듣기 좋았다. 아마도 내 어릴 적 영향 때문인지 모르겠다.

집에는 유성기와 레코드판이 한 박스 가득 있었다. 어른들은 '목포의 눈물', '두만강', '나그네 설움' 같은 유행가, 그리고 일본 유행가를 좋아했다. 어린 우리들은 유성기의 태엽이 느슨해져서 노랫소리가 작거나 느려지면 재빨리 태엽을 감아 돌리곤 했다. 작은 기계에서 소리가 흘러나오는 것이 참으로 신기했다.

초등학교에 들어가서는 선생님의 오르간 반주에 맞추어서 수많은 동요들을 배웠다. 끝내는 선생님의 손에 이끌려서 노래 경연대회에도 나갔다. 선생님은 나에게 음악공부를 시키자고 부모님께 제의까지 했지만 부모님은 완강히 반대했다. 뒷바라지도 어렵거니와 내 아들로 하여금 가난한 예술가로 만들고 싶지 않았다. 예술가는 가난의 대명사처럼 여겨지던 시절이었다.

중학에 들어가선 6・25사변이 일어났다. 나라와 민족의 앞날은 풍전등화 같았다. 전선은 남북으로 오르내리고 수많은 피난민들은 살기 위해서 남으로 남으로 몰려들었다. 임시수도 부산은 초만원이었다. 그 많은 사람들이 하루하루 살아가는 것이 기적처럼 여겨졌다. 그런 와중에 중학교 과정을, 고등학교 과정을 마칠 수 있다는 것만도 커다란 행운이었다. 하물며, 음악 공부란 꿈도 꿀 수 없었다. 라디오에서 흘러나오는 아름다운 노래나 예배당의 합창단의 노래를 듣기 좋아했다. 한여름 날, 더위를 피해서 소설책을 들고서 뒷동산으로 오를 때는 내 호주머니엔 하모니카도 들어있었다.

몇 년 후, 정부는 임시수도 부산(釜山)에서 서울로 환도했고, 피난 대학들도 모두다 서울로 되돌아갔다. 이듬해 다행히 나는 서울에서 대학을 다닐 수 있는 행운을 얻었다. 꿈꾸던 대학생활, 공부도 열심히 음악도 즐기면서 낭만의 대학생활을 할 수 있겠구나, 꿈에 부풀었다. 그러나 순진한 철부지의 한낱 어리석은 꿈이었음을 알게 된 것은 얼마 지나지 않아서였다.

서울의 분위기는 사뭇 달랐다. 주택가에는 여기저기 아직도 폐허인 채로 남은 곳이 많았다. 종로의 뒷골목, 청계천변 판자촌의 모습들, 거리를 헤매는 실업자의 군상들, 눈앞의 현실은 참으로 암담했다.

많은 친구들이 가정교사로 들어가서 숙식을 해결하고 있었다. 사정이 있는 친구들은 방값이 싼 변두리에 나가서 자취생활을 꾸리기도 했다. 비싼 등록금에 하숙비의 부담을 감당하기에도 시골에서 유학 온 우리들에게는 매우 벅찼다.

무엇보다도 시골에서 소 팔고 논 팔아서 대학 등록금을 마련해주시던 부모님의 기대에 어긋나지 않도록 최선을 다해야만 했다. 무거운 멍에처럼 우리들의 어깨를 짓누르고 있었다. 학교 강의실과 도서관을 오가면서 밤낮없이 책과 씨름해야만 했다. 부모님의 부담을 조금이라도 들어보려고, 책값이라도 벌어보려고 덤벼들었던 아르바이트도 녹록하지 않았다. 전공과목 이수며 학점취득도 만만치 않았고 남들이 다 덤벼드는 고시패스 등 어렵고 벅차지 않은 게 없었다.

오늘같이 가을비가 간간이 내리던 아름다운 가을, 교정에도 도서관 뜰에도 울긋불긋한 낙엽들이 바람에 날려 쌓이는 그 광경은 우리를 유혹한다. 그 벅찬 감격에 그 유혹에 빠져들지 않는 자 누가 있겠는가. 누가 먼저라 할 것도 없이 우리들은 삼삼오오 책가방을 들고 도서관을 빠져 나간다. 혜화(惠化)동 로터리

다방이며 대학 앞 다방으로 모여든다. 때로는 전차를 타고서 종로3가 쪽으로 향한다. 의자에 깊숙이 파묻혀 음악에 빠져든다. 모차르트, 쇼팽, 베토벤, 차이코프스키도, 피아노곡도 바이올린곡도 오페라 아리아도 무엇이든 가리지 않았다. 그리고는 모두 다 한 사람의 시인(詩人)이 되었다.

세월이 흘러가고 모두다 뿔뿔이 제 갈길 따라 열심히 살아가는 중년에 이르렀다. 더러는 외국생활을, 더러는 상아탑 속에서 열심히들 살아가고 있었다. 어쩌다가, 나는 종이 한 장 달랑 들고 객지를 국가 행정의 말단 지역 책임자로 떠돌아다니는 신세가 되었다. 차라리 보헤미안(bohemian)의 팔자라면 방랑과 낭만이라도 즐기겠지만 가는 곳마다 산적한 업무는 어깨가 누르고 신경을 피로하게 했다. 혹자는 과음으로 스포츠와 낚시로 긴장과 스트레스를 풀곤 했다. 하지만 술을 잘 하지 못하는 나는 조용한 휴식과 음악에 빠져들면서 긴장과 스트레스를 풀곤 했다. 내가 사는 관사나 이동 중인 차 안에는 언제나 음악을 들을 수 있는 간단한 오디오 기기만 있으면 족했다. 음악은 정신의 긴장을 풀어주기도 하고, 때로는 외롭고 쓸쓸한 마음을 어루만져 주는 나의 카타르시스(catharsis)였다.

퇴직 후 예술의 전당이나 세종문화 회관에 오페라 또는 계절

음악회 또 이런저런 연고의 초청음악회에 가끔 들르기도 했지만 열렬한 팬이나 마니아는 못 되었다. 그마저 날이 갈수록 게으르고 소극적으로 변해갔다.

어쩌다 음반가게에서 마음에 드는 피아노곡, 성악 등 맘에 드는 CD가 있으면 구하기도 한다. 요즈음은 조용한 피아노나 바이올린 소품들이 좋다. 슬하의 아이들도 음악에 소질이 있는 것 같았는데도 살려주지 못한 것이 이따금 마음에 걸린다.

지하철이나 버스, 길거리 어디서나 젊은이들은 열이면 열 하나같이 귀에다 이어폰을 꽂고 다닌다. 무슨 음악을 듣고 있을까 궁금할 때가 있다. 고전음악을 되도록 많이 들었으면 하고 혼자 생각해 보았다.

(2009)

고향 잃은 사람들

가을비가 간간이 내리고 어둠이 깔리기 시작하는 저녁 무렵이다. 내일 모레가 추석인데 한가로이 거실 TV 앞에 앉아서 귀성 차량들만 바라보고 앉았다니. 가지 못하는 마음은 허전하다.

일선 책임자로서 초임지는 경남 S군이었다. 70년대 초반, 농촌 도시 가릴 것 없이 새마을사업이 요원의 불길처럼 타오를 때다. 초가집도 없애고 마을길도 넓히고 취락구조도 개선하며 가난에 찌든 옛 모습을 말끔히 씻으려는 대역사였다. 경제개발 5개년 계획도 중화학 공업도 착실히 진행되고 있었다. 새내기 기관장인 나에게는 마치 전쟁터에 뛰어든 앳된 소대장처럼 긴장의 나날이었다.

추석이 가까이 올 때쯤이면 S군과 같은 해안 지방에는 달갑잖은 몇 차례의 태풍이 들이닥친다. 하천이 범람하고 제방은 붕괴

되고 교량이 유실되는 등 피해가 속출하고 때로는 산사태가, 인명사고가 발생한다. 넓은 들판은 삽시간에 물바다가 되어 애써 가꾼 농작물이 물에 잠기고 그 해의 농사는 망치게 된다. 산사태나 위험에 처한 부락민의 인명 구조가 급선무다. 학교 강당이나 교실을 빌려서 이재민들을 임시 수용하고 생계 구호를 실시한다. 각계의 물심양면의 도움과 지원을 받으면서 몇 날밤을 뜬눈으로 지새운다. 다행히 하늘의 도움으로 위험하던 고비를 넘기면서 가슴을 쓸어내린다. 실의와 허탈에 빠진 농민들을 바라보는 마음이야 쓰리고 아프지만 더 큰 재난이 없던 것을 다행으로 여길 때가 있으니. 비가 와도 걱정 안 와도 걱정인 팔자다.

근무지에 정이 들고 농촌사정을 알 만하게 될 때쯤 인사이동이 있었다. 대부분 다른 농촌이나 작은 도시로 이동한다. 작은 도시에서 큰 도시로 수평 이동을 하거나 승진을 하게 된다. 도시행정은 복잡하고 까다롭다. 규모가 큰 도시일수록 이해 상충하는 얽히고설킨 난제가 많다. 연이어서 몇 년 동안을 어려운 문제가 많은 곳을 다녔으니 내 팔자소관이다. 모범적 공업도시로 조성 중이었던 C시, 그 몇 년 후엔 공해의 대명사로 불리던 대도시 U시였다.

공단조성 사업의 어려움은 이만 저만 아니다. 거칠게 불어오는 산업화의 바람은 전통적 농경사회에서 산업사회로 변이해 가는 과정의 불가피한 아픔이요 진통이라 하지만 지역 주민들에게는 그야말로 청천벽력이다. 조상 대대로 농사짓고 고기 잡고 뼈를 묻던 목숨과도 같은 그 터전을, 아무리 지엄하신 국법의 명령이라 하더라도 그들에게는 하늘이 무너지는 충격이었다. 시한폭탄 같은 살벌한 분위기도 감지된다. 순하디 순한 민초들의 사생결단의 집단행동도 일어난다. 극렬한 저항과 생사를 건 듯한 위험하고 과격한 행동들이 뒤따른다. 울분과 허탈감이 교차하고, 설득과 화해의 시간을 위한 끈질긴 노력과 대화가 오간다. 행정기관도 시민들도 인내를 가지고 대화하고 설득하고 화해의 장을 위해 끊임없이 노력한다.

전쟁 아닌 전쟁을 치러야 하는 일선 공무원들, 남들이 쉬거나 잠을 잘 때에도 언제나 깨어있어야 하는 사람들이다. 궂은 일 다 하고 갖은 고생 다 하면서 좋은 소리는 못 듣는 외롭고 고독한 공복들이다. 선공후사의 정신이 살아있어 명절 연휴 때는 더욱 근무를 철저히 하고 상황을 봐가며 명절을 오히려 반납하면서까지 제 할 일을 다 한다. 나 역시 공직의 길에 들어선 진작부터 그런 습성에 젖었다.

일선 책임자로 부임해서는 말할 필요도 없었다. 본의 아닌 불효자식이 되었고 무정한 아비가 되기도 했다.

"얘야, 공직에 매인 몸이, 대중의 일을 보는 사람이 그 정도 어려움이 없겠느냐. 일도 좋지만 건강에 유의해라."

나의 고향 방문은 사령장을 받은 후 부모님께 인사하고 임지로 향해갈 때, 그리고 어머님의 제삿날 특별휴가를 받을 때뿐이었다.

포근한 안식처, 어린 시절의 푸른 꿈을 키워 주던 곳, 객지에 나간 자식들을 기다리는 부모형제가 살아 계신 곳. 하지만 오늘 같은 추석날 찾아갈 곳 없는 고향 상실자가 되었으니….

가뭄에 콩 나듯 들르던 고향도 몰라보게 변했다. 멱 감던 시냇물, 초록빛 들판은 다 어디로 갔는지. 8차선 도로와 고가도로 공사가 한창이다. 현대식 빌딩이며 아파트의 숲들뿐, 농사짓던 일가친척들도 아파트 숲 속으로 사라지고 없었다. 여름방학이면 책을 들고 오르던 뒷동산, 큰 우물가를 지나가던 그 오솔길은 사라지고 아파트 단지가 들어섰다.

뒷산 꼭대기에 올라 읍내(邑內)를 내려다보면 실같이 흐르던 서천교, 만덕고개, 서산으로 기우는 해, 산 밑 마을에서 피어나는 저녁연기, 산 그림자 속에 가물거리던 초가집들, 달구지가 다니던 좁다란 들길, 가난에 찌던 둑 옆의 마을은 언제 사라졌는지. 그 모습이 그립다. (2008)

군수(郡守) 시절

많은 사람들은 젊은 시절에 처음 발령을 받아서 근무하던 곳을 잘 잊지 못한다. 나도 예외는 아니었다. 젊음을 불태우며 땀 흘려 일하던 나의 첫 임지를 찾고 싶었다. 강산도 변한다는 긴 세월이 몇 차례나 지났는데 모든 것이 오죽이나 변했겠는가.

지난 주말에 간소한 복장에다 등산모를 눌러 쓴 채 S시 방면으로 향하는 고속버스를 탔다. 차창 밖으로 스치는 푸른 산과 들판을 바라보면서 내 생각은 그곳의 푸른 들판을 달리고 있었다.

S군(시)에 부임하던 그때가 75년 6월 하순, 모심기가 한창이었다. 부임하던 다음 날에 군청 직원들과 모심기 행사에 참여하였으니. 새마을사업의 열기가 최고조에 달하던 때였다. 연로한 전임 군수의 퇴직으로 공석중인 자리에 30대 젊은 사람이 중앙으로부터 부임해 올 것이라는 소문이 읍내에 파다했다. 여태껏

그런 관례가 없었기에 모든 직원들도 지역주민들도 호기심에 차 있었다. 때마침, 전국적인 서정쇄신의 바람이 중앙 지방 가릴 것 없이 휘몰아치기 시작하던 때라 모두들 긴장의 끈을 조이던 때였다.

그 시절, 서정쇄신의 찬바람은 매서웠다. 잔뜩 움츠린 군 직원들을 안정시키는 것이 새내기 군수의 첫째 할 일이었다. 하여, 새내기 군수는 힘주어 강조했다.

"어려운 최일선에서 고생하는 우리들이 왜 지탄을 받아야 합니까. 깨끗하고 투명한 행정 풍토를 만들고, 우리의 새로운 결의와 각오를 다져서 하루빨리 모든 군민들에게 보여주면 되는 것이 아니겠소. 설혹, 지난날의 잘못이 있다 하더라도 앞으로가 문제입니다. 우리는 군민들의 마음을 읽어야 한다. 종전의 행정 풍토를 반성하고 바꿀 것은 과감하게 바꿉시다. 상하가 믿고 단합하면 무엇인들 못하겠소. 서정쇄신의 북풍이 아무리 거세게 불어와도 내 뜻을 이해하고 따라준다면 결코 한 사람의 희생자도 생기지 않을 것이요."

심정 밑바닥에서 우러난 진심의 소리였다.

바깥의 호응부터 달랐다. 부락 이장들, 새마을 지도자들을 비롯한 각종 단체대표들이 격려를 해주었다. 군청과 읍 면 직원들의 자세가 확 달라졌다고 이구동성으로 말했다. 젊은 기관장이 부임해 오더니 이렇게 달라질 수가 있느냐, 기분 좋은 화답이

돌아왔다. 그렇다. 제 아무리 서정쇄신의 찬바람이 불어 닥쳐도 투명하고 공평무사하게 소신껏 판단하고 처리해 간다면, 어느 것 하나 주저할 것 없다는 용기와 배짱이 생겼다.

일선 행정기관의 대부분의 직원들은 그곳에서 나고 자란 토박이들이다. 혈연, 지연, 학연으로 얽혀있다. 시책의 말단 침투를 위해서는 좋은 제도요, 박봉의 공무원들에게 좋은 점도 많다. 하지만 고충과 어려움 또한 많다. 지방 유력인사나 토착세력의 끈끈한 인연, 유대가 그러하다. 본의 아닌 청탁과 정실에 휘말리기 쉬웠다. 하지만 불붙기 시작한 서정의 회오리바람을 피해 가기 위해서는 특단의 대책이 필요했다.

그 무렵, 기관장 앞으로 한 통의 등기우편이 배달되었다. 산림벌채 허가 담당 과장, 계장의 비리를 고발한다는 내용이었다. 올곧게 업무를 처리하는 L계장이 모함에 시달리고 있었다. 좁은 지역사회에서 혈연, 학연으로 얽히고설킨 데다가, 대소 문중에도 집안 간에도 가끔 시의 질투, 고자질 하는 악습들이 농촌 사회에는 도사리고 있었다. 관계 직원들을 모두 불러서 새로 온 군수 앞에 결백을 서약하게 했다. 그들이 보는 앞에서 모함투성이인 그 편지를 찢어 버렸다. 믿음만큼 더 확실한 것이 어디 있겠느냐, 합심하여 소신껏 일하자고 굳게 언약했다. 소문은 삽시간에 퍼져 나갔다. 잘못이 있다 해도 앞으로 새로운 각오로 임하게 하였다. 각종 조세 행정의 분위기가 달라지면서 세수의 증가는 물론 잡음들도 사라졌다. 나도 놀랐다.

새마을복장으로 들로 산으로 논밭으로 해안가로 뛰어 다녔다. 사업의 말단침투도 성과를 나타내기 시작했다. 새마을 가꾸기 환경개선 사업, 통일벼 재배확대, 퇴비증산, 객토사업, 소득증대 사업이며 소 하천정비사업, 산림녹화 10개년 사업 등등 수많은 사업들이 하나하나 내실을 다져가기 시작했다. 상하가 합심 노력하여 부지런히 뛰어 다니며 봉사하면 농민들도 화답하고 호응해준 덕분이다. 결국엔 소득증대 우수마을로 선정된 서포면 굴포마을, 새마을지도자와 더불어 중앙보고회에 참석하여 박정희 대통령께 '새마을 농어촌소득증대 성공사례'를 슬라이드 보고하는 영광을 가졌다.

하지만 영농 기반시설이 아직도 부족한 농촌이었다. 한해가 닥치고 '벼멸구' 병충해로 다 지은 벼농사를 망치게끔 되었다. 황금 들판이 내려앉는 모습을 목격하는 뼈아픈 일도 있었다. 머지않아 추석인데 햇곡식에 차례상은 고사하고 뿌릴 농약도 구할 수 없어 한숨짓고 논바닥 벼포기에 석유 기름만 뿌려대던 안타까운 일도 잊혀지지 않는다. 몸과 마음은 피로에 젖고 고충도 어려움도 해결해줄 수 없는 힘없는 햇병아리, 고뇌는 끊일 날이 없었다.

일선 종합행정은 그만큼 어렵다. 상처 받고 모함 받기 쉬운데다 옷 벗기 쉬운 자리다. 기관장은 심란하다. 객지에서 근무하고 봉사하는 그들을 격려는 고사하고 이해관계 얽힌 부탁이나 청탁에 동조하지 않으면 정치권력을 업고서 모함을 하기 시작한다. 한 젊은이가 청운의 뜻을 품고 가난한 농촌 일선에 내려와서 밤낮으로 농민들과 나라 위해서 일 하는 것을 도와주지는 못할망정, 모함을 일삼으니 참으로 피가 거꾸로 솟는 듯했으니 어느 땐가 억울하게 옷을 벗은 친구 K군도 그와 비슷한 처지였는지 모르겠다.

거국적인 주민등록증 갱신사업이 시작되었다. 그런 중요한 업무처리를 취급하는 면사무소에는 철제 캐비닛은 고사하고 튼튼한 목제 서류상자조차 없었다. 국가 보안에 관한 주민등록증 백지용지를 보관할 든든한 곳이 없다니 기가 찰 노릇이었다. 부득이 그 무렵에 처음으로 시판되던 이중 철제 캐비닛을 다량 구입하여 각 읍면사무소에 분배하여 업무처리에 만전을 기하도록 했다. 하지만 그 후, 캐비닛 때문에 주민등록증 분실사고라는 소동까지 치렀지만 무사히 찾았던 뼈저린 일도 있었다.

1년 반의 재임기간, 서슬 푸른 사정바람에도 희생자 없이 무사히 고비를 잘 넘기고 우수 새마을 시범지역으로 선발되고, 지역사회 주민들의 전에 없던 신뢰를 받게 된 것은 참으로 가슴 뿌듯한 보람이었다. 주민등록증 분실이라는 거국적인 소동이 무사히 끝난 것도 부임 초 상하가 단결했던 신뢰가 바탕이 되었기 때문이었다.

남의 속도 모르는 어느 기관장, 돈 많은 지역사회 유지라는 사람들, 나더러 왜 골프를 치지 않느냐고 했다. 여름철 하얀 테니스 복장에다 라켓을 든 차림새마저 농부들에겐 사치스럽게 보이던 그런 시절, 군수도 농사꾼이다.

조국 근대화 사업이며 새마을 사업들이 착실하게 추진되고 내실이 다져진 것은 일선 직원들 그리고 새마을 지도자를 중심으로 한 부락민들의 단결과 희생 덕분이었다. 모든 공은 그들에게 돌아가야 한다.

오늘날의 농어촌은 눈부시게 발전했다. 모두가 그분들의 눈물과 땀의 결과다. 나 또한 나라와 사회와 국민을 위해서 젊은 열정과 충정을 다 바쳐서 열심히 일했다. 남모르는 가시밭길을 걸어가며 고생한 외로운 자리이기도 했지만 일생의 영광이요 영원히 잊지 못할 시절이었다.

서울서 국민학교 1학년에 입학한 지 한 학기도 채 되지 않은 딸아이를 비롯한 조무래기 셋을 데리고, 처음 살아보는 시골의 허물어져가는 관사에서 못난 지아비를 뒷바라지 해주던 집사람과 그 시절을 생각하면 지금도 코끝이 찡해옴을 숨길 수 없다.

(2004)

밤차를 타고

야간 수업을 마치고 낙엽 지는 교정으로 나서니 시월의 밤공기가 제법 차갑다. 밤하늘을 쳐다보며 맑은 공기를 힘껏 들이마시고 흐뭇한 기분으로 집으로 향한다. 저녁 9시, 손님도 거의 없는 서울행 고속버스로 나 혼자 여행을 한다.

퇴직 후에 몇 사람의 지인들로부터 자기네 회사 일을 도와 달라는 제의를 받았지만 마음이 내키지 않았다. 그때 대학원 후배인 K대학의 B교수가 "선배님, 이제부터 뭘 하실 겁니까. 우리 학교로 오십시오. 행정의 실무경험과 이론을 가미하면 '행정연습' 과목으로서는 적격입니다."라고 말했다. 나는 서슴없이 그의 제의를 받아들였다.

'백수'로 지내던 시간은 무료하고 갑갑했다. 남들처럼 외국여행도 다니고 운동과 등산을 하면서 시간도 보냈다. 그러나 마음

한구석에는 허전한 공허감이 사라지지 않았다. 그것은 내 마음속에 지난날의 잔해가 아직도 남아 있었고 지나치게 내 삶에 연연하는 이기적인 생각 때문이었다. 한발쯤 물러서서 세상사를 긍정적으로 보려는 마음그릇이 작기 때문이겠지. 남들은 하기 쉬운 말로 마음을 비우고 살아야 한다고 한다. 진작 눈과 마음을 밖으로 돌려서 새로운 취미와 보람 있는 일을 찾아볼 생각을 왜 못 했던가. 친구 A군은 늦은 나이에 어느 지방대학의 한방학과에 입학하여 약초에 관해 공부를 시작하고, M군도 나무에 관한 공부를 하더니 산림 해설가로 나섰는데.

바로 그 무렵에 후배의 제의가 왔다. 그렇지, 그것은 틀림없이 내 마음의 공허감도 메워줄 것이고 새로운 기쁨도 가져다 줄 것이다. 더구나 내 젊은 시절 한때는 미련도 가져보았던 일이 아니던가. 몇몇 친구들은 나더러 잘 생각했다고 말하는가 하면, 어떤 사람은 '돈이 되는 것도 아니고 골치 아프게 뭣 하러 다니느냐, 가진 것 있으면 자식들에게 물려줄 생각 말고 철 따라 외국여행이나 실컷 다닐 것이지'라고 말했다. 그렇지만 지금 나는 야간수업을 마치고 흐뭇한 기분으로 밤늦은 버스에 몸을 싣고 집으로 가고 있다.

창가 의자에 피로한 몸을 뉘이고 어두운 창밖을 바라보고 있으면 온갖 상념들이 떠오른다. 살아온 나날들이 엊그제 같은데 어느새 수십 년의 세월이 흘러갔다. 부모님 슬하에서 자라던 어린 시절도 사회에 나와서 열심히 살아가던 그 시절도 꿈처럼 스쳐간다. 약관의 나이에 겁없이 뛰어들었던 외로운 공인의 길, 뜨거운 가슴과 의지만을 믿고서 부나비처럼 덤벼들었던 험준한 고갯길에서 때로는 좌절감을, 때로는 보람과 희열도 맛본 고난과 영광의 길이기도 했다. 이제는 지난날의 모든 영욕을 떨쳐버린 지 이미 오래되었다.

희수를 눈앞에 둔 이 나이에 새롭게 책가방을 들고서 정해진 요일 날에 젊은 학생들을 만나러 가는 것이 얼마나 기쁘고 고마운 일인가. 감사한 마음뿐이다. 그동안 그늘지고 어려운 행정의 최일선에서 주민들과 더불어 사회와 나라를 위해 애써 일했던 보은의 선물이라 생각하고 그저 감사할 따름이다. 내가 여태껏 살아온 고답적이고 폐쇄적인 세상과는 정반대로, 자유롭고 부드러운 학문적인 분위기가 더없이 좋다. 평생을 학문의 길로만 살아가는 젊은 교수들과 어울리면서 그분들의 순박하고 때 묻지 않은 깨끗한 생활모습에 정이 든다. 내 비록 실무 경험이야 많다 하지만 학위를 따느라고 외국에서 수년간을 고생하고 돌아와서는 아직도 공부를 계속하고 있는 그분들께 미안한 마음이 들기도 한다. 배려해준 후배가 고마울 뿐이다.

학생들과 공부하는 시간은 더욱 보람 있고 행복한 순간이다. 행정의 이론과 실제를 배우는 것도 중요하지만, 그것보다 더한 것은 학문하는 방법이며 교양과 인격 함양에 보탬이 될 만한 정신의 훈화가 더 필요했다. 대학 입시공부에만 시달려 왔던 그들에게 폭 넓은 독서와 사색을, 철학도 문학도, 젊은 날의 우정과 사랑의 소중함도 일러주어야만 했다. 부질없는 짓일까 생각도 들었지만 방황하는 학생들을 보고 있으면 세상을 살아본 나이든 사람이 깨우쳐 주어야 할 마지막 몫이라는 생각을 버릴 수 없었다. 내 짧은 지식과 부족한 식견으로 아쉬움을 느낄 때가 많지만 대학에서 배우는 것이 전공과목만이 전부는 아니지 않는가. 학교 연구실과 도서관에는 전등불이 꺼지지 않고 밤을 새워 책을 읽는 선택 받은 젊은이들, 행복한 그들을 보고 있으면 나 역시 그 속에 빠져드는 것 같다. 그들과 같이 앉아 자판기의 커피를 뽑아 마시며 얘기를 주고받을 때에는 내 마음도 한결 젊어지는 기분이 된다.

착하게 살아가는 수많은 사람들 속에서 봉사의 기쁨과 보람을 맛보면서 밤차를 탄다. 그것은 내 삶의 활력소요 공허감을 달래주는 묘약(妙藥)인 것이다. 행복하고 감사한 마음으로 오늘도 밤차를 탄다.

(2005)

빛바랜 사진

서재를 정리하다가 책장에 꽂혀있는 낡은 사진첩을 펼쳤다. 빼곡하게 들어찬 빛바랜 옛 사진. 하얀 두루마기에 갓 쓴 조부모님의 회갑사진, 사모관대 족두리의 부모님 결혼사진, 어린 형제들의 옛 편린들이 보석처럼 빛나고 있었다.

내 눈길을 사로잡는 빛바랜 사진 한 장. 기나긴 세월이 흘러갔는데 이제는 잊었을 것만 같은 얼굴, 내 맘에서 사라지지 않은 '시미즈' 선생님이었다. 일제시대 국민학교 1학년 담임선생님. 훤칠한 키, 갸름한 얼굴, 일본교사들 속에 핀 한 송이 수선화인 처녀 선생님. 사월의 봄날, 학교 운동장 가장자리 벚꽃나무 아래에서 아이들과 함께 찍은 사진 속 선생님.

창씨개명을 하고 일본말만 쓰게 했으니 우리들은 '시미즈' 선생님이라고만 불렀다. 코흘리개 1학년 아이들. 학급에 아이들이 너무 많아서 담임은 애를 먹는다. 교실에서 코피를 자주 쏟던 나는 선생님을 몹시 당황케 했다. 약솜으로 코를 막고 물수건으로 이마를 식히고 이모처럼 누나처럼 극진히 보살폈다. 선생님이 너무나 고마워서 내 어머니는 학교엘 자주 들렀고 때로는 선생님의 하숙집으로 계란꾸러미며 과일을 들고 가셨다.

일본의 패색이 짙어가던 2차 대전말기, 식민지 백성들의 살림살이는 날로 어려웠다. 1학기가 끝날 무렵, 전염병인 급성뇌막염이 부산지방을 휩쓸었다. 코피를 자주 쏟아 담임을 애먹이던 병약한 내가 먼저 쓰러졌다. 치사율 높고 후유증이 무서운 병이라 했다. 소식을 듣고 병원으로 달려온 선생님, "아까운 아이 하나 버리게 되다니…."

안타까워 발을 구르고 눈물 흘리던 담임. 그 훗날, 어머니가 내게 말했다.

전쟁말기, 식량을 비롯하여 모든 것이 귀했다. 주사약도 치료약도 모든 게 부족하여 치료를 받을 수도 없었기에 격리병동에 강제수용 시키거나 방치할 정도의 아비규환과 같았다 한다.

절망적인 환경 속에서 하늘의 도움인지 아버님 친구 분께서 천금 같은 주사약을 암시장을 통해서 구했고, 그 주사약으로 재빠른 치료와 간호 덕분에 기적같이 살아났으니 주위의 모든 분들, 그리고 시미즈 선생님의 기원 때문이었다.

약 50여 일 간의 입원 후 학교에 나갔다. 밤에도 낮에도 사이렌은 자주 울렸고, 적기는 전쟁물자 보급창인 항구가 목표였다. 다시 학교는 문을 닫았고 휴교에 들어갔다. 부득이 우리 식구들은 시골의 큰집으로 소개를 갈 수밖에 없었다.

무더웠던 여름 어느 날, 읍내 장터 앞 넓은 네거리가 사람들로 들끓었다. 해방이 되었다고 야단이었다. 그해 여름방학이 다 지나가도 학교가 문을 열지 않았다. 세상이 혼란스럽고 어수선하고 민심이 흉흉하다고 했다. 항구에는 일본패잔병들이 또 한쪽에는 귀향 동포들로 북새통을 이뤘다 했다.

난생처음 학교란 곳에 들어가서 처음 부딪혀본 경험들. 담임 선생님은 모든 것을 해결해 주는 이모나 누나 같은 사람인줄 알았다. 한두 달을 학교에 다니다가, 한 달 넘게 병원에 입원하고, 퇴원 후엔 학교를 갔지만 학교는 다시 문을 닫고 사람들은 사이렌소리에 밤낮없이 방공호로 숨어들던 기억뿐이니. 학교란 어떤 것인가를 헷갈리게 한 그런 인상만을 남겼다.

소용돌이가 지나자 젊은 선생님이 많이 왔다. 일본인 교사들은 자기나라로 돌아갔다고 한다. 그런데 시미즈 선생님이 보이지 않았다. 분명히 내 어머니와 우리말을 주고받던 틀림없는 우리나라 사람인데. 코피를 쏟아 애먹이던 아이가, 전염병에 걸려 사경을 헤매던 내가 건강을 회복하여 학교로 다시 돌아왔는데 시미즈 선생님이 보이지 않다니. 새 학년 새 학기가 시작되려는데 선생님이 왜 보이지 않는지. 선생님을 잃어버린 어린 마음은 너무 아렸다.

어머니를 비롯한 어른들은 말했다. 세상이 혼란스러워서 교편 생활을 그만 두고 고향엘 갔을는지 모른다. 열심히 공부하고 있으면 반드시 온다고 어머니는 내게 말했다. 네가 열심히 공부하여 훌륭한 사람이 되는 날, 먼 훗날이라도 그때 선생님은 반드시 오실 거라고. 동화 속 얘기처럼 말하곤 했었다.

많은 세월이 흘러간 후에 '스승의 날'이란 제도가 생겼다. 옛 은사들을 찾아뵙고 가슴에 빨간 카네이션을 달아드리고 보은의 자리를 마련하는 것을 바라보면서 나는 얼마나 부러워했는지 모른다. 코피를 자주 쏟던 그 아이는 건강하게 나라와 사회에 필요한 동량으로 자라서 열심히 세상을 살아가고 있었는데도.

어린 소년은 벌써 백발의 노년이 되었는데도 그때의 미련이 아직도 남아 있어 빛바랜 사진 한 장이 사모(師慕)의 정에 또다시 불을 댕기는 구나.

또 다른 사진 한 장이 또 마음을 사로잡는다. 30여 명의 유치원 아이들이 졸업장을 손에 들고 나란히 앉아있다. 실낱같은 추억들이 되살아난다. 내게도 저런 때가 있었던가. 신기하고 기특하다. 보고 싶은 얼굴들이 보인다. K군, M군, L양, H양 아래 윗집에서 살던 소꼽친구들이다. 깨알 같은 사진 속 얼굴을 자세히 들여다본다. 미래의 박사, 교수, 귀부인들이. 대학에 갓 입학하여 꿈에 부풀었을 무렵, 우연히 M군을 따라서 누님 면회를 갔던 대학 기숙사에서 마주쳤던 H양, 약대에 입학했다고 말했다. 세월이 많이 흘렀는데도 단번에 알아보던 소꿉친구들이다. 모두들 어디서 살고 있는지.

빛바랜 사진 한 장이 시공을 초월하여 다가와서는 그리운 옛 선생님과 첫사랑 소녀도 만나게 해준 마력을 지닌 보석과 같았다.

(2007)

올챙이 시절 모른다

지난 봄, 어느 일요일, 4호선 전철 안이었다. 얼굴이 까무잡잡하고 키가 작은 방글라데시에서 온 젊은이 두 사람이 내 옆자리에 앉았다. 안산(安山)공단 어느 기계제작 공장에서 일한다고 했다. 일요일이라 의정부(議政府)에서 일하는 고향 친구를 만나러 가는 길이라고. 한 젊은이는 초등학교 교사를 하다가 또 한 사람은 지방공무원을 하다가 2년 전에 한국에 왔다고 했다.

열악한 환경의 3D 업종에 종사하는 그들은 위험 속에서 차별대우와 때로는 모멸감을 느끼면서 살고 있다고. 조국이 가난하기 때문이니 어쩌겠느냐고 씁쓸한 표정을 지었다. 옛날 우리들도 먹고 살기 위해서 해외로 나갔고 외화를 벌기 위해 고생하던 그때를 떠올려본다. '개구리 올챙이 적 모른다'는 옛 말이 떠오르면서 미안한 생각이 들었다.

그들의 한 친구는 공장 사장을 잘못 만나서 몇 달치 밀린 월급은 고사하고 폭행도 당하고 불법 체류자라는 약점을 잡혀서 억울함을 당하기도 했다 한다. 요즈음은 종교단체와 봉사단체에서 도와주어 많이 개선되었다고 한다.

미얀마, 방글라데시, 필리핀, 인도네시아 등 동남아 각국에서 온 그들은 안산, 의정부, 동두천 등 수도권 공장 지대에 많다. 염색, 피혁가공, 화공약품, 철공, 기계공작 등 업무에 위험에 노출된 경우가 많다. 자칫, 사고라도 나게 되면 병원치료비에다 노임문제 등등 복잡하고 어려운 일들이 생긴다. 그들은 언제나 불안과 걱정 속에서 지낸다고 한다.

우리도 해외에 나가서 고생하던 시절이 있었다. 동남아 밀림지대에서, 열사의 땅 중동에서, 아프리카의 오지에서 노무자로, 기술자로, 세일즈맨으로 세계의 구석구석을 누비고 다녔다. 그 시절 원양어선 선원으로, 광부로, 간호원으로, 또 월남 전후에 복구사업에 뛰어들어 온갖 고생 다하면서 외화벌이에 억척같이 일했다. 수없이 흘렸던 땀방울과 눈물이 한데 모여서 오늘의 나라 경제를 일으킨 씨앗이 되었다.

남의 나라에 와서 고생하는 그들, 하지만 풍부한 자연자원을 가진 나라다. 언젠가는 그들도 동남아의 강자로 떠오를 날이 올는지 모른다. 진정으로 '개구리 올챙이 적 모른다'는 옛 속담을 되새겨 보면서 그들에게 따뜻한 관심을 기울여야 하지 않겠나.

그 몇 달 후, 10월 말쯤이었다. 수업을 마치고 서울로 오려던 K시의 고속버스 터미널에서였다. 50대쯤으로 보이는 독일(獨逸)인 부부가 매표원 아가씨에게 무어라 말을 하더니 난감한 표정을 짓는다. 뒤에서 보고 있던 나는 그들을 돕고 싶었다. 그들 독일인 부부는 싱가폴, 방콕 등 동남아를 거쳐서 중국 북경(北京)에 들렀다가 서울에 도착했다. 그동안 경주(慶州)를 둘러 구경하고, 지금 막 이곳 K시의 고속버스 터미널에 도착했다는 것이다. 그들은 이곳 관내 유적지(遺跡地)지도나 관광 안내 유인물을 찾고 있었다. 퉁명한 매표원 아가씨가 그런 것이 없다고 말하자 오히려 그들이 더 무안해 한다.

아뿔싸, 고속버스 터미널엔 그런 것이 없었다. 명색이 역사의 고도라는 K시의 도시 관문(關門)인 고속버스 터미널에. 지방의 말단 행정을 경험한 내가 더 민망했다. 어려운 것이 아닌데. 누구든지 관광지에 도착하면 기초적인 자료를 갖고자 하는 것은 상식이다. 우리들도 해외출장이나 세계관광을 다니면서 그런 경우를 경험했을 것이다.

관광산업진흥을 입버릇처럼 말하면서 외국인 관광객이 드나드는 도시의 관문에 신경을 쓰지 않다니. 형식적인 겉치레의 관광

안내소는 시내 중심에만 두는 것인가?

'하나를 보면 열을 알 수 있다'고 그들은 생각하겠지.

가난했던 한국이 경제적 성공을 이루었고 찬란한 역사와 문화를 지닌 훌륭한 민족임을 세계에 널리 알리는 국가차원의 홍보도 게을리 하지 않는다. 하지만, 아직은 선진국 수준의 국민의식이나 높은 문화수준에는 부족함을 스스로 느끼고 있다.

해마다 국민들의 해외관광 수요는 증가하고 귀중한 외화를 해외에 뿌렸다. 국민의식과 문화수준 향상에 크게 기여하리라 생각했다. 하지만 호화 사치풍조와 물질만능 사조만이 팽배했다. 먹고 살 만하게 된 나라, 하지만 국민들의 정신과 의식수준만은 아직도 아쉬운 나라, 우리의 첨단상품들은 세계일류로 대접받는데 왜 정신은 따라가지 못하는가.

'하나를 보면 열을 알 수 있다' 했다. 스스로를 되돌아보고 다짐하고 올챙이 시절 되돌아보는 지혜를 잃지 말아야 한다.

(2007)

3.

눈이 내리면

잊혀진 사람들

한동안 학교일로 부산을 오가면서 쌀쌀한 겨울 밤, 서울역에 내리곤 했다. 외환위기에 의한 실업의 파장이 이곳 역 대합실에 몰려들었다. 가출한 사람들은 삼삼오오 무리 지어 늦은 밤 대합실의 의자와 통로 바닥에까지 진을 친다. 서글픈 상황이다. 또 바깥 역 광장에는 쌀쌀한 밤기운에 아랑곳 하지 않고 옷깃을 곧두세우고는 끼리끼리 술판을 벌이고 있다.

안타까운 심정에 그들과 얘기를 나누었다. 다니던 공장과 회사에서 실직되어 하루아침에 거지 신세가 되었단다. 또 하던 장사도 실패하고 빚더미에 올라앉았다. 살던 집은 빚쟁이에게 넘어가고 고통 속에 시달리다 식구들도 모르게 집을 나왔다. 그 후에는 마누라도 가출하고 어린 자식새끼는 보호시설로 보냈다고 울먹이며 말한다.

제 정신 갖고선 하루도 못 살겠다 한다. 밤낮으로 이렇게 술에 절어서 살 수밖에 없다 한다. 땀과 먼지에 절어서 몸에서는 매캐한 냄새가 코를 찌른다. 겨울이 코앞인 차가운 날씨에 콘크리트 바닥에 종이박스를 깔고서 새우잠을 잔다. 목을 늘어뜨린 채 땅 바닥만 내려다보는 사람, 어떤 이는 초점 잃은 눈으로 허공만 바라본다.

그들의 딱한 사정을 듣고 있으면 나라의 살림살이가, 나라의 경영이 얼마나 어려운지. 어쩌다가 나라꼴이 이 지경이 되었는지, 참담하고 비통한 심경이다. 그들과 얘기를 시작하다 보면 먼저 배고픔을 호소하고 손부터 내민다. 지갑에서 약간의 돈을 꺼내준다. 그리고는 "부디, 고향으로 내려가서 다시 한 번 힘을 내세요. 재기해 보세요." 하고 말한다.

그들은 "가족이 그립고 보고 싶지만 갈 수가 있나요."

"딱한 백성들 도와주세요."

마음에서 우러나는 진실의 얘기를 말하지만 그들의 귀에는 가소롭게 들리는 걸까.

내뱉는 그들의 말에는 원망이 서려있는 듯 느껴진다. 심각하고 서글픈 우리들의 자화상이다.

시내에 볼 일이 있어서 나간 그날도 몹시 추운 날이었다. 종로5가 지하철의 차가운 돌계단에 지팡이에 의지한 머리가 새하얀 할머니를 보았다. 여윈 손바닥을 연신 내밀고 동정을 구한다. 근처 시장을 오르내리는 많은 사람들은 관심조차 없는 것 같다. 날씨만큼이나 차가운 서글픈 현실이 마음을 아프게 한다. 세상 풍파 겪으면서 살아 왔는데 나이 들고 병들어서 차가운 돌계단에 홀로 나 앉았으나 누구 하나 따뜻한 눈길조차 주지 않으니. 돌아가신 내 어머니 같고 이모 같은 어른이다. 서글펐다.

우리 주변에는 어려운 사람들이 너무 많다. 내가 일선의 지역 책임자로 있을 때, 작은 시골에 부임해 보면 관내에는 고통 받는 어렵고 불쌍한 사람들이 생각 외로 많다. 버려진 갓난아이들, 겨울날 새벽 거리 청소원이 포대기에 싸 들고 오는 기아들, 영아원, 양로원, 정신요양시설, 기도원 등. 또 치매노인, 심신 노약자, 알코올 중독자, 정신이상자 등 그들의 수용 실태를 보고는 크게 실망한 경험이 있다. 사람들은 넘치고 시설은 태부족이고 정말 딱한 형편이었다. 복지라는 말조차 꺼내기가 부끄러웠다. 세월이 흘러간 오늘에 와서야 옛 얘기가 되었기를 바란다.

외환위기라는 개인으로서는 불가항력의 여파로 죄 없는 그들만 가산을 잃고 거리에 나앉게 되었으니 누구의 책임인가. 딱한 처지에 내몰린 그들을 따뜻이 이해하고 십시일반 돕는 마음으로 그들을 감싸 준다면 어렵지만 재기의 용기가 생겨나고 살맛나는 세상으로 바뀌지 않겠는가.

일제 말기, 해방 직후, 그리고 6·25전쟁의 혼란기는 더욱 살기 어려웠다. 며칠씩 끼니를 굶고 누렇게 부은 얼굴로 명줄만 부지하던 사람도 있었다. 담 너머 이웃집에서도 몇 끼니를 굶는 사람들도 있었으니…. 어머니는 젖먹이 어린애가 딸린 이웃집 아낙네에겐 몰래 손길을 펴곤 했다. 먹을 것을 구하러 오는 사람을 결코 그냥 돌려보내지 않았다. 식은 보리밥 한 술이라도 먹여서 보내던 그 마음을. 젊은 당신의 살림살이도 결코 넉넉지는 않았는데 아끼고 절약하는 알뜰한 주부였기에 남을 배려하려 했고 마음을 주려했다. 많은 것을 보아왔다.

어려운 자, 구원을 갈구하는 자, 마음 아픈 자에게 내미는 구원의 손길은 그 어떤 종교를 떠나 인간 본연에서 우러나는 양심의 소리요 표현이다. '적선지가 필유여경(積善之家 必有餘慶)'이라는 말도 있지 않은가. 그들에게 따뜻한 손길을 내밀자.

(2007)

눈이 내리면

아침부터 하늘이 무겁게 내려앉아 온통 잿빛이더니 어느새 눈이 내린다. 집안 식구들이 외출하고 없는 조용한 오후다. 서재에 혼자 앉아서 창 밖에 내리는 눈을 바라보니 옛날 군대생활과 그 시절 잊을 수 없는 추억들이 안개처럼 피어오른다.

강원도 원주의 한겨울 날씨는 보통 영하 15도를 오르내렸고 눈도 엄청 많이 왔었다. 그해 12월 크리스마스가 가까워 오던 때였다. 눈이 펑펑 내리던 저녁 무렵에 G중사와 S장군의 조카 S양, 일등병인 나, 이렇게 세 사람은 서울행 야간열차를 기다리면서 난방도 되지 않는 역(驛) 대합실에서 추위에 떨던 기억이 떠오른다.

남들보다 늦은 나이에 군대를 갔다. 논산훈련소를 거쳐서 경리병과 교육을 받은 후에 나는 운 좋게도 서울 용산 소재 어느 작은 단위부대에 배치되었다. 첫 외출 날이었다. 서울에 배치 받은 기쁨도 있고 학교 소식도 궁금하여, 제일 먼저 R교수님께 인사차 학교 연구실을 들렀다. 일등병 계급장에다 몸에 큰 군복을 입은 채였다.

교수님 연구실, 그때 교수님은 말씀을 나누고 있던 체격이 건장한 신사분을 나에게 소개시켜 주었다. 참으로 희한한 인연이었다. 내 소속부대를 지휘 감독하는 사령관인 S장군이었음을 며칠 후에 알았다. 얼마 후, 나는 육군본부로 전출되어 그분과 함께 근무하기 시작했다. 또한, 내가 다니던 대학원의 야간학부에 입학했음을 알게 되었다. 동창이 된 셈이었다. 일등병은 낮에는 사무실에서 근무하는 당번병이요 연락병이었고, 야간 수업이 있는 날은 사복으로 갈아입고 학교로 동행하는 수행비서(?)격이었다.

한 학기쯤 지나자 장군은 원주의 모부대 지휘관으로 명을 받았다. 야간 대학원 출석도 불가능하고 일등병인 내가 할 일도 끝이 난 것 아닌가. 헌데, 일등병인 나의 뜻을 묻는다. 전출을 가느냐, 서울 지역에 남느냐. 불과 몇 개월 전에 학교 인연으로 만났는데. 서울에 남아 군대생활을 마치는 것이 여러모로 유리했지만 비록 일등병인 나를 아껴주시던 의리상 도저히 그럴 수 없었다.

새로운 자리로 옮긴 장군은 무척 바빴다. 부대의 업무야 말할 것도 없지만, 어린 자녀들이 딸린 가족을 서울에 두고 있는 터라 사적인 개인 일도 많았다. 공사간의 연락을 도맡아줄 사람이 필요했다. 나이 많고 고참인 하사관도 있었지만 업무 성격이나 사생활에 관한 사항 등은 누군가 신뢰할 사람이 필요했다. 결국 일등병이었던 내 몫이 되었다.

서울 심부름을 자주 가면서 가까운 일가친척들도 알게 되었다. 친척 중엔 조카 S양이 있었다. 문학과 음악을 유난히 좋아하던 S대 약대생이었다. 학교 교지에 가끔 시나 산문을 발표하던 예쁘고 이지적으로 보이던 여학생이었다. 사촌동생들의 공부도 가르치고 떨어져서 살아가던 군인가족인 이모네 집안일도 힘닿는 대로 도와주곤 했다. 두 젊은 사람은 우선 대화의 상대가 되었다. 군인 티가 아직도 덜 묻고 자존심만 강했던 졸병의 마음도 잘 이해해 주었다. 그가 읽은 문학 작품 얘기며 어려운 가정형편 얘기도 아르바이트 하는 얘기까지 스스럼없이 얘기하던 구김살 없는 밝고 명랑한 학생이었다.

나의 서울 심부름은 연말이 다가오면 더 잦았다. 자연히 두 사람이 만나는 기회 또한 많았다. 그녀는 서울 토박이요, 시골뜨기 일등병은 공부밖에 몰랐다. 사모님은 그런 졸병을 더 좋아했고 두 사람이 자연히 어울리는 것을 누구보다 좋아했다. 가끔은 두 사람을 앞에 놓고 흐뭇한 미소까지 지으시던 분이었다.

그렇게 보내는 군대생활이 어디 있겠는가. 싫을 리 없었다. 하지만 몸이 편하고 안일에 빠지면서 고향에 계시는 부모님께는 안부편지조차 게을리 했다. 서울 용산의 모 부대에 배치를 받았다더니 얼마 있다가는 느닷없이 강원도라니. 그간의 자초지종을 알렸어야만 했는데 부모님은 못마땅해 하셨다. 서울에 있으면서 좋은 여건을 살려서 틈틈이 책도 보고 야간에 대학원이라도 나가도록 기대를 했는데 정신을 다른 곳에 빼앗기고 아까운 시간을 허송하는 게 아닌가. 편지를 통한 부모님의 꾸중은 대단하셨다. 가능하면 서울로 도로 전출 가는 게 좋겠다고. 앞날과 장래를 어떻게 설계 하려느냐. 꾸짖는 편지는 계속 날아들었다. 부모님의 예감은 참으로 정확했다.

바로 그 무렵이었다. 부대가 다시 산골짜기로 이동한다는 것이다. G중사와 나도 그러했다. 눈앞에 전개되는 눈 덮인 고지와 계곡뿐, 철책선 따라 긴장감만 감돌았다. 장군은 밤낮없이 산악을 누비는 호랑이 같았고 국토방위의 무거운 중책이 어깨를 누르는 듯하였다. 그날 이후 서울 심부름은 일제히 사라졌고 고된 훈련이 기다리고 있었다.

산골짜기에선 우체국도 공중전화도 꿈도 꾸지 못하던 그런 시절이었으니. 어쩌다 인편으로 전해오는 서울 소식은 서울과의 거리만큼이나 어두웠고 그녀의 소식 또한 점점 멀어져 갔다. 하얀 눈 덮인 들판 위의 수레바퀴 자국처럼 평행선만 그리고 세월은 흘러갔다.

외로운 낙오자의 심정이었다. 안일했던 생활로 정신은 해이했다. 어쩌다가 들려오는 동기생들의 소식에 안달이 나기 시작했다. 대부분 유학이다, 학위 취득이다, 대학 강사다, 중앙부처 인턴이다 하면서 부산하다는 것이다. 나는 정신이 번쩍 들었다. 그렇다. 아직도 내가 할 일은 많은데, 갈 길은 태산 같은데….

초조하게 기다리던 제대를 했다. 지난 3년간의 안일했던 세월을 보상이라도 하듯 다시 피나는 노력 끝에 남은 대학원 과정도, 중도에 그만 둔 국가고시도 한꺼번에 서둘러 마쳤다. 그날 이후, 6~70년대 개발의 첨병으로서 조국근대화의 최말단 내무 관료의 길로 매진해 갔다. 그리고 새 시대를 위해 젊음을 바쳐 열심히 일했다.

불혹의 나이를 넘기면서 나도 모르게 한 사람의 중견관리로서 성장해 가고 있었다. 때로는 신문지상의 정부인사란에 이름 석자가 오르기 시작했던 모양이다. 서로의 근황들은 스치는 바람결에 날려서 멀리멀리 전파되곤 했던 모양이다.

내가 공업도시 U시에 근무할 때였다. 장군은 예편을 한 후에 사업차 그곳에 들렀던 모양이었다. 어떻게 알았을까. 나를 찾았다. 시장이 되어 있던 일등병과의 해후. 지나온 얘기며 가족들의 안부를 얘기하면서, S양의 소식까지도 알게 되었다. 바람결에 날아온 작은 꽃잎을…. 아이들을 가르치는 교육 일선에서 훌륭한 교육자로 성장하고 있다는 것이다. 진심으로 그녀의 성공을 비는 마음이었다.

다시 세월이 한참 흐른 후였다. 내가 아름다운 섬, 제주도에서 근무할 때였다. 뜻밖에도 장군 내외분이 회갑여행을 오셨다가 나를 찾았다. 근무한다는 사실을 어떻게 알았을까. 그날 저녁, 아름다운 바닷가 서귀포의 밤은 내외분의 건강과 행복을 기원하는 자리였다. 또한 일등병이 받았던 사랑의 보은이었다. 아니나 다를까, 그날도 사모님은 조카 자랑을 빠트리지 않는다. 훌륭한 교육자가 되어서 지금은 모 중학교 교감으로 근무한다고.

세월은 쏜살같았다. 어느새 지천명의 고개를 넘어서자 중앙 정치무대에는 문민화의 바람이 거세게 불었다. 정치, 경제, 사회 전반에 걸쳐 진통과 소란이 빠르게 흐르면서 근대화와 개발의 공든 탑도 바람결에 흔들거리기 시작했다. 어수선하던 사회분위기, 어느 날 갑자기 고향지역 일선행정 기관장으로 발령이 났다. 문민정부로 넘어가는 과도기적 혼란기, 거국적인 대사를 앞둔 때였다. 개인의 영광이기에 앞서 어깨가 무거웠다.

공직생활의 마지막이 될 줄 알았다. 많은 축전이 답지했다. 그런데 그 속에 뜻밖의 축전 하나가 있었으니. 그렇게도 긴긴 세월이 흘러갔는데…. 창 밖에는 아직도 눈이 내리고 있다. 지난날의 회한들이 눈꽃이 되어 내리는가. 잿빛 하늘은 언제나 내 마음을 우울하게 한다. (2005)

화려한 백수

예상외로 일찍 찾아온 퇴직 소식에 가족들도 놀랐다. 조찬회다 간담회다 하면서 새벽같이 집을 나서던 사람이 갑자기 갈 곳이 없어졌으니. 집사람 권유에 따라 동네 근처 서예학원과 헬스클럽에 등록을 했다. 심신의 안정을 위해서. 퇴직과 생활 리듬의 파괴, 정신적 스트레스로 병원신세를 지는 것을 보았다. 아마도 일찍 세상을 뜬 K군도 아마 그런 원인이 있지 않았는지 모르겠다.

안부전화도 위로인사도 부담스러웠다. 그러던 어느 날 K선배는 나에게 대학 출강을 권유했다. 평생을 일선의 지방행정에서 보낸 산 경험은 교과서에도 없는 교제가 아닌가라고 말하면서. 그런 생각을 못하지는 않았지만, 서둘러 소정의 절차를 밟고 고향 P여자대학에 초빙교수로 결정이 되었다.

내게는 기분 좋은 일이었다. 매주 한차례 고향의 대학으로 가서 주야간 수업을 맡기로 했다. 매주 화요일 아침나절 나는 서울역에서 새마을호 기차를 탄다. 상쾌한 기분의 기차 여행은 즐거웠다. 철 따라 변하는 산과 들, 주변 경치를 바라보면서 여유로운 행복감에 젖는 기차 여행이었다.

아름다운 캠퍼스는 시원스레 낙동강 하구가 바라보이는 전망 좋은 산자락에 위치하고 있었다. 예쁘고 발랄한 여대생들, 그들과 같이 공부하는 시간은 즐거웠다. 남향으로 탁 트인 연구실에 홀로 앉아서 멀리 석양에 반짝이는 낙동강을 바라본다. 파란 들판이 한눈에 들어온다. 이 멋진 광경, 편안하고 안온한 마음, 그런대로 지난날 열심히 올곧게 살아온 그 덕택이요 은혜가 아닐까 하는 생각에 빠져든다.

친구 Y군도 그 무렵에 L그룹 중역에서 퇴직했다. 두 사람은 역사 유적지, 유명 사찰 등을 함께 다니면서 구경했다. 고적지를 답사하는 동호회에 섞여서 여러 곳을 다니기도 했다. 안동서원, 병산서원, 하회마을, 송광사, 선운사, 충열사 등등 유명 사찰도 소쇄원, 고인돌 유적지, 산성, 유배지와 생가들을. 일에만 파묻혀 여태껏 보지 못한 조상들의 발자취, 고달픈 삶의 모습을 그려보며 인생의 덧없음을 다시금 느꼈으니.

또 다른 죽마지우들과 토요일이면 만난다. M군, C군과 나,

이렇게 세 사람은 서울 근교의 산을 올랐다. 북한산, 도봉산, 관악산, 청계산 등. 두 친구는 자기 전공 분야의 사업체를 경영하면서 한땐 큰돈을 모으기도 했던 잘 나가던 사업가였다. IMF의 회오리를 맞으면서 그만 결단이 났다. 세 사람은 한 발자국 물러난 백수들이었다.

관악산에 오르면, 삼막사, 국기봉을 거쳐서 우리들이 자주 찾는 지정석(?)으로 정해둔 큰 소나무 아래 넓은 바위에 자리를 잡는다. 시원하고 상쾌한 솔바람이 백수들의 폐부를 씻어준다. 여의도 63빌딩, 한강변 아파트군, 남산타워가 손에 잡힐 듯하고, 날씨는 약간 흐린 듯한데도 멀리 북한산 인수봉이 잘 보인다.

"저런 날씨처럼 흐릿하면서 적당히 요령껏 살아가는 놈이 처세에 능한 놈이야. 권력에 아부도 좀 하고 돈 맛도 좀 보고 얼렁뚱땅 적당히 세상사를 넘기고, 윗사람에게는 잘 보이고 하는 그런 놈이 실속 차리고 출세하는 놈이야…." 하고 M군이 웃으며 말한다. 나더러 바보처럼 살았다고 말하곤 했다. 험한 공직사회에서 나름대로 흐트러짐 없이 올곧게 살아온 친구에 대한 속정을 말한 뜻이다. 사업에서 산전수전 다 겪어본 이들이야말로 세상사의 이면을 누구보다 잘 아니까.

백수가 된 후, 처음으로 ○○동우회, ○○회, ○○골프모임에도 나갔다. 하지만 백수들의 모임이 아니었다. 아직도 체면과 가식, 허위의식을 훈장처럼 달고 다니는 사람들의 모임이었다. 몇 차례

부지런히 나가다 마음이 불편하여 발을 끊었다. 그 대신, 대학 동기 골프모임에, 고교 동창 골프모임에도 나가곤 했다.

또 고교동창들은 정기적으로 산행을 했다. 정기적으로 가는 날이면 산 입구에서부터 벌써 계곡이 떠들썩하다. 옛 얘기들이다. 고향 사투리에다 농담과 익살까지 섞이니 그럴 수밖에. 학교 수업 시간에 연애 소설책을 보다가 혼난 얘기, 출석부로 머리통을 얻어맞든 얘기, 영어시간에 단어 발음 때문에 한평생 별명이 되어버린 친구의 에피소드, 또 연애편지 갖고 있다가 적발되어 교무실로 불려 다니던 옛 이야기들이다. 다른 학교 아이들과 패싸움 하던 무용담까지 빠지질 않는다.

점심때가 되면 더욱 가관이다. 엔도르핀이 넘치는 웃음의 한마당이다. 하산 길에는 으레 모퉁이의 푸줏간(정육점) 행이다. 삼겹살에 소주를 걸친다. 술잔이 몇 순배 오가고 분위기가 무르익으면, L군의 경상도 사투리 익살이 웃음꽃을 피운다.

"오늘 점심은 '와리깡' 아이가. 우쨌던가, 마이 멍는기이 이익인기라."

"그라이 사양말고 마이 마시는기이 남는기이라."

오늘의 백수들도 고생과 가난으로 얼룩진 시대를 살았다. 일제 식민지 말기, 6·25사변, 동족상잔의 생지옥을 거치고 혼란과 가난 속에서 근근이 살아갔다. 근대화를 위한 외화를 벌기 위해 서독 땅 광부로 간호원으로 열사의 사막에서 청춘을 다 보냈다. 정치적 압제에 시달렸고 불공정한 사회질서 속에서 살아가야 했다.

거친 파도 해쳐가며 운 좋게도 이만큼 건강하고 행복하게 살고 있으니 이만하면 화려한 백수가 아닌가. 뭘 더 바라겠소.

(2006)

한 줌의 재가 되어

입춘이 얼마 전이다. 들녘 바람에도 먼 산 숲에도 봄기운이 느껴지는데 동서 '백서방'은 한 줌의 재가 되어 돌아오다니 정말 꿈만 같구나. 사람의 한평생이 초로와 같고 포말과 같다던 옛말이 가슴에 닿는다.

그가 떠나던 날은 날씨마저 슬퍼하여 새벽부터 차가운 안개비가 내렸다. 지척을 분간할 수 없는 짙은 안개를 뚫고 그를 태운 영구차는 성남시의 '갈마치' 고개를 힘겹게 올라가고 있었다. 차 내는 성당 교우들의 연도소리만 들릴 뿐, 모두들 무거운 슬픔에 싸여있다.

닿은 곳은 '성남시 영생관리사업소', 화장장이었다. 어두움이 아직도 가시지 않은 이른 새벽인데, 운구차량의 행렬들이 꼬리를 물고 밀려든다. 이별이 안타까워 찾아오는 많은 사람들, 울음소리와 인파가 뒤섞인 황량한 이별의 장이다.

울음소리와 슬픈 정경에 젖어서인지, 그곳에서 근무하는 직원들의 얼굴마저 저승사자처럼 느껴진다. 커다란 괴물 같은 기계 장치들이 무섭게 버텨 서서 그 사람을 재촉하는 듯 공포 분위기다.

순간, '꽝' 하고 날카로운 금속음을 내더니 무거운 철문이 굳게 닫힌다. 아, 이곳이 이승인가, 저승인가. 인간이 이렇게 왜소하고 하찮은 '물'(物)과 같은 존재였던가. 스스로가 만든 기계문명에 의해서 압도당하는 힘없는 인간들이다.

가족들은 그를 위해 마지막 기도를 드리고 있다. 한순간이 지나자 날카로운 외마디 울음소리에 놀라 가족들이 모두들 달려갔다. 한 줌의 재로 변해 돌아오는 그 사람. 하얀 항아리에 담겨져서 아들의 품에 안긴다. 황당하고 어이없어 말문이 막힌다.

선인들이 말하던 '인생은 허무한 것, 부도 명예도 다 부질없는 것'이라던 그 말씀이 이를 두고 한 것이구나. 존엄하고 위대한 인간이란 말도 다 허사로구나.

우리나라 장제문화가 매장 위주에서 화장으로 점차 바뀌고 있다. 이것이 오늘의 사회변화에 적합하고 바람직한 추세라고 입버릇처럼 말하던 내가, 그 사람을 보는 순간 할 말을 잃고 부끄러움을 느꼈다. 세상사를 매사 단정적으로 내 위주로 생각하고 살아 왔었던가.

한평생을 재물과 권력에 눈이 먼 불쌍한 사람이 되지 말고,

공수래공수거 하는 몸이니 부디 베풀고 용서하고 너그러운 마음으로 살아가라고 말하고 있다. 인간이면 누구나 가야 할 길이라고 말을 하지만 너무나 허무하고 비통하구나.

옛 성현들도, 죽음이란 새로운 삶의 시작이요 죽음도 태어남도 본래는 같은 것이라 말했다. 윤회하면서 영원히 살아간다 하지 않든가.

그렇다. 이제부터 그는 대자연의 품에 안겨서 영원한 새 삶을 시작할 것이다. 우주의 정기를 받아서 태양과 달과 별, 바람과 구름과 더불어서 살아갈 것이다. 꽃피는 봄에는 생명의 씨앗을 뿌려서 무수한 새 생명을 잉태하게 하고, 무더운 여름철에는 시원한 바람과 한줄기 소나기가 되어서 더위에 지친 뭇 생명들에게 생기를 불어넣어 줄 것이다. 결실의 계절 가을에는 그리운 혈육들을 다시 만나고, 고독을 느끼는 많은 인간들의 마음도 어루만져줄 것이다. 눈이 내리는 하얀 겨울에는 삶에 찌든 인간의 마음을 깨끗이 씻어주고, 가난하고 불쌍한 어려운 형제들에게는 하늘의 영광과 은혜를 전달해줄 것이다.

한 줌의 재가 되어 돌아온 그 사람, 그는 결코 우리 곁을 떠난 것이 아니다. 어머니인 대자연의 품에 안겨서 우리와 함께 살아갈 것이기 때문이다. '백 요한(Johan)'은 경기도 안성 땅, 천주교 공원묘지 납골당에 새 삶의 터전을 마련하였다.

차가운 산야에는 아직도 잔설이 보이고 꽃샘바람도 불어오는데 그를 홀로 두고 쓸쓸히 산을 내려가는 처제와 조카들, 땅거미가 내리는 산을 자꾸만 뒤돌아본다.

(2004)

강변마을 산책(散策)

무덥던 여름이 가면서 아침저녁으로 제법 시원한 바람이 분다. 스산하던 마음도 달래고 가을바람도 쏘이러 남한강 쪽으로 나갔다. 벼르기만 했지 막상 못 가본 두 곳을 찾아 나섰다. 간편한 복장에다 등산모를 눌러 쓰고 양평 방면 시외버스를 탔다.

서울시와 경기도의 경계지역, 남양주 도농을 벗어나니 곧 덕소가 나온다. 한강공원과 강변마을을 지나니 팔당역이다. 상팔당을 지나면 팔당유원지, 그리고 문화의 거리가 나온다. 주변 경관이 일품이다. 멋있는 카페촌, 별장 같은 시설들이 생각보다 많다. 사람들의 욕심이 지나치면 자연은 망가지는 것. 강 건너 푸르른 산 그림자를 안고 초록빛 긴 띠를 두른 듯 유유히 흐르는 한강물. 우람하게 버티고 선 저 댐(Dam)과 더불어서 수도권 사람들의 젖줄이 되어주고 있다니 참으로 대견하다.

강변을 따라서 차는 빠르게 달린다. 천주교 공원묘지를 지나니 조안면 능내리다. 다산(茶山) 정약용(丁若鏞) 선생의 생가터요, 그 후 만년을 보낸 곳, 유적지로 조성되어있다. 오래전 경기도에서 근무할 때 수없이 지나다녔지만 바쁘다는 핑계로 스치고만 가던 곳을 이제야 찾게 되니 한없이 부끄럽다.

큰길에서 내려 얕은 오르막 고개를 넘는다. 근처엔 마제성당이 있다. 고개 너머 산자락이 낮게 내려앉으면서 작은 마을이 보인다. 오랜 세월에 지형이야 많이도 변했겠지만 그 옛날엔 마을 앞을, 집 앞을 강물이 흘렀다니. 주변 지세로 미루어 보아 작은 마을과 좁은 논밭들이 있던 아담한 마을인 것 같았다.

조선조 후기, 최고의 실학자로 추앙 받던 선생은 영조 38년(1762년) 이곳에서 태어나 유년 시절을 보낸다. 서울에서 수학하며 이승훈(李承薰), 이가환(李家煥) 등과 교유하고 성호(星湖) 이익(李瀷)의 유고를 읽고서 실학에 뜻을 두었다. 22세(1783년)에 과거에 합격, 성균관에 입학하고 28세(1789년)에 문과에 합격하여 벼슬길에 오른다. 31세에 부친이 돌아가자 벼슬길에서 잠시 물러나기도 한다.

그 무렵 정조 임금은 수원 화성의 설계를 그에게 맡긴다. 조선과 중국 성제의 장단점, 중국을 통해 들어온 서양의 과학기술 서적을 참조하여 설계를 한다. 거중기(擧重機)라는 새로운 기구를 고안하여 공사비와 공사기간을 크게 단축시킨 것은 유명한 이야기다.

36세에 승정원 동부승지, 곡산 부사, 암행어사 등을 거쳤으나 39세(1800년)에 고향으로 돌아와서 당호(堂號)를 여유당(與猶堂)라 하고 은둔생활을 한다. 다시 이듬해 신유년(1801년)엔 다산의 3형제가 의금부에 투옥되고, 셋째 형 약종(若鍾)이 사형 당하고 다산은 경상도 장기로 유배된다. 연이어서 황사영(黃嗣永) 백서사건이 일어나자 다시 서울로 압송된 뒤 조사를 받고 형 약전(若銓)은 흑산도로 다산은 강진 땅으로 유배된다.

그곳 유배지에서 10여 년을 보내면서 『목민심서(牧民心書)』, 『경세유표(經世遺表)』, 『흠흠신서(欽欽新書)』와 같은 불후의 저술을 남기면서 다산학(茶山學)의 기틀을 이룩한다. 천주사상과 서양문물을 접하면서 전통사회의 질곡에서 벗어나 새로운 시대를 열어가야 할 꿈을 꾼다. 하지만 당쟁으로 인한 억울한 희생양이 되기도 하고 형제들은 최초의 순교자가 되기도 했다.

안채인 여유당과 사랑채, 광, 마구간 등도 잘 복원되어 있어서 평소 살아가는 모습을 마치 타임머신을 타고 가서 내 눈으로 보는 듯 푸근함도 느낀다. 은퇴 후 여생을 보낸 여유당, 사랑채, 다정스럽게 피부에 와 닿는 듯하다. 소박하면서 정갈한 선비 집 살림살이도 상상해 본다. 어린 시절에 사랑채에서 글공부 하던 모습도, 관직에서 물러난 후 사랑채를 출입하며 교유하던 선비들의 모습도 상상해보니 더욱 정감이 간다.

강변마을의 어린 소년은 유유히 흐르는 강물을 바라보면서 세상도 시대도 저 강물과 같이 흐르는 것임을 느끼지 않았을까. 수많은 이재민과 고통 받는 사람들 민초들의 고통과 억울함도 수없이 보았을 것이다. 그러기에 그들을 아끼고 사랑하는 고운 심성이 소년의 맘속에도 일찍부터 싹트지 않았을까. 해서 실사구시(實事求是)와 천주사상(天主思想)에 심취하지 않았겠는가. 또 유배생활 중에도 어렵사리 살아가는 민초들을 생각하는 뜨거운 마음에서, 국정에 관한 제도와 법규의 개혁을 제의하고 지방 수령과 목민관들의 실천 덕목을 제시하는 등 저술 속 사상들은 어린 시절에 이미 싹트지 않았을까, 혼자서 생각해 보았다.

70년대 조국근대화의 기치 아래 모든 국민들이 합심하여 땀 흘려 일할 때, 『목민심서』는 공직자의 나라 사랑과 봉사 자세 확립에 큰 영향을 주었음은 잘 알려진 사실이다. 세상이 아무리 변한다 할지라도 애민, 목민정신만은 영원히 이어가야할 철학이다. 오늘을 살아가는 모든 분야의 지도자, 지식인들이 다시 한 번 되새겨야 할 정신이다.

생가인 여유당을 비롯한 사랑채, 부속 건물 등 그리고 기념관, 문화관, 사당, 묘지, 그리고 실학박물관까지 복원 건립하여 지방 문화재로 잘 관리되고 있었다.

오늘 같은 날, 강변을 따라서 유유자적 하듯 발길을 옮긴다.

몇 차례나 지나치면서 꼭 들러 보리라 마음먹었던 또 한 곳이 남아있다. '소나기마을'이다.

벼 베기가 일찍 끝난 논바닥에는 여기저기 하얀 둥근 비닐로 싸인 볏짚이 널브러져 있다. 가을바람을 마음껏 들이마신다. 조안면 사무소를 지나니 양수교가 보인다. 양수리 마을이다. 오랜만에 들르는 두물머리, 내가 좋아하는 곳이다. 강원도에서 군대생활을 할 때부터 자주 지나다니던 곳이다. 언제나 그렇듯이 강물에 잠긴 듯 떠 있는 마을. 지나가는 자동차도 물에 잠길 듯 말듯 하는 강변의 마을이다. 강이면서 호수 같은 곳, 낮은 산과 어우러져 아름다운 경관을 만들고 있다. 북한강과 남한강, 두 강이 만나고 세 면(조안, 서종, 양서면)이 어깨동무 하는 고장이다.

언제였던가, 오랜만에 이 고장 근처를 지나다가 도로 표지판에서 재미있는 이름을 읽었다. '소나기마을'이라, 참으로 멋있는 이름이구나. 한편, 옛날 읽었던 아름다운 단편소설, 황순원(黃順元)의 「소나기」가 생각났다. 소설은 허구일 터인데. 하지만 궁금하다. 언젠가 기회가 있으면 한 번 찾아보기로 했었다.

소설의 줄거리는 이렇다. 서울 살던 윤초시네 증손녀인 소녀가 고향에 내려와서 살게 되면서 시골 소년과 친구가 된다. 두 아이는 가을 햇살이 맑은 날, 개울가 징검다리 곁에서 물놀이도 하고, 가을걷이가 끝나가는 논길로, 산마루로, 무밭, 참외밭으로 천진난만하게 뛰논다. 어느 날 소나기가 갑자기 내리자 두 아이는 수수밭 두렁에 있던 수숫단 속으로 비를 피하려 숨어든다. 소나기를 맞지 않게 서로의 옷이 젖지 않게 수숫단 속으로 두 아이가 함께 피하는 모습이며, 서로를 배려하는 그 모습이 너무나 순진하고 아름답다. 끝내 물이 불은 도랑을 소녀는 소년의 등에 업혀서 건너게 된다. 몰락해 가는 집안의 병약한 후손인 소녀는 그 소나기로 인해 병이 더치게 되고, 끝내 죽을 때에는 도랑물을 업혀서 건널 적에 소년의 등에서 물이 옮은 그 스웨터를 그대로 입혀서 묻어달라는 유언을 하고 죽는다는 스토리다.

어느 날, 문학을 좋아하던 그 고장 출신의 젊은 공무원이 서울 사는 지인으로부터 이야기를 들었다. 6·25사변 후, 모든 사람들이 어렵게 살아가던 그 시절에 서울 살던 어떤 양반의 후예가 사업에 실패하여 어린 딸아이 하나만을 데리고 양평으로 이사 갔다는 내용이었다. 그가 좋아하고 읽었던 단편소설 「소나기」의 설정과 어쩌면 그렇게 흡사한지 놀랐다.

그 고장 출신의 젊은 공무원은 아름다운 그 이야기를 고장의 문화유산으로 생각했다. 전문가의 자문을 받아 여러 곳의 후보지 중에서 소설 속 환경과 가장 유사한 서종면 수능리를 소나기 마을로 정했다. 지방자치 실시 이후 향토의 문화재를 발굴하려는 노력이 한창 일던 때였다. 그 모든 상황을 한참 후에 알게 되었다.

소나기 마을을 찾아 나섰다. 두물머리에서 멀지 않다. 서종면 사무소 못미처서 오른쪽으로 난 큰 길로 접어들었다. 주변의 얕은 산자락에는 한창 유행인 펜션과 별장이 들어서고 있었다. 소설 속에서 아이들이 물놀이를 했음직한 개울은 오른쪽 낮은 산자락 아래로 길고 가느다랗게 흐르고 있다. 물가에 앉아서 물놀이를 할 만한 곳은 없어졌다. 징검다리가 있음직한 곳에는 작은 다리가 섰다. 실개천을 따라가며 좁다란 농로가 나 있었다.

가을걷이를 한 논밭은 대지로 집터로 변하여 단독 주택들이 들어서 있었다. 초가집은 보이지 않는다. 옥수수와 수수가 심겨졌을 만한 밭이며, 바람에 말리려던 수숫단이 있었음직한 산마루 비탈 밭 비슷한 곳이 보인다. 산마루 비탈에는 아담한 문학기념관이 건립되어 있었다. 아름다운 소설의 향기가 훗날에까지도 퍼지도록 바라는 꿈이라 생각된다. 작품이 발표된 지 어언 60여 년이 흘러갔지만….

소설 「소나기」는 인간이 내면적으로 본질적으로 얼마나 순수할 수 있는가. 얼마나 소중하고 값진 것인가를 알아차릴 수 있도록 해주었다. 차마 '사랑'이라는 이름으로 부르기가 조심스러운 애틋하고 미묘하고 순결한 아이들의 감정적 교류를 담은 그 소설이 나의 뇌리에 깊게 박혔던 모양이다. 눈물겹도록 아름다운 순진한 사랑 얘기에 깊이 빠져들었다. 어릴 적 꿈은 언제나 아름다운 것이니까.

어느 날 갑자기 훌쩍 떠나는 나들이가 더 좋다. 내 마음대로 맘먹은 곳으로 편하게 다니는 즐거움이다. 가는 곳마다 푸르른 산과 들, 그림 같은 예쁜 집들, 산천의 모든 것이 한 폭의 그림이다. 산 그림자 드리운 초록빛 강물을 바라보면서 그 옆을 걸어가는 멋도 좋다. 길을 가다가 우연히 만나는 난전이나 시골장터에도 잠깐 들렀다 간다. 구경하는 재미가 쏠쏠하다. 장에 갔다 돌아가는 시골버스 안에서 우연히 만나는 촌로들과 얘기도 나누면서 그들의 살아가는 모습에서 옛날 집안 어른들의 모습을 보는 것 같아서 더 정겹다.

(2010)

아! 아까운 사람아

정월 초하룻날 저녁 9시 뉴스가 막 끝나갈 무렵이었다. 조카 딸아이의 다급한 목소리의 전화였다.

"아버지가 갑자기 복통을 일으켜 너무 급해서 구급차로 대학 병원 응급실에 막 왔습니다."

뜻밖의 전화에 놀라 더 이상 묻지 못하고 서둘러 대학병원으로 향했다. 가는 도중 차 안에서 다시 전화를 했다. 상태가 워낙 위중해서 방금 수술실로 들어갔다는 얘기였다.

무엇인가 심상치 않다는 느낌이 스쳤다. 몇 해 전, 그 사람은 이곳 대학병원에서 큰 수술을 받은 바 있었다. 그 후, 정기적인 점검을 받아오던 터이라 별 걱정 없이 몇 해를 잘 지냈다. 검사 때마다 결과를 알려주고 특이사항이 없다 했다. 그런데 오늘은 갑자기 왜 그러는가 답답하다.

어둠에 싸인 불 꺼진 한밤중 병원건물은 괴물처럼 버티고 섰다. 각지에서 모여든 수많은 환자들과 그 가족들로 밤낮없이 붐비고 번잡하던 그 병원이 정적(靜寂)에 싸여있다. 맨 아래층엔 희미한 실내등만 몇 군데 켜진 채 암흑천지다. 바깥 날씨가 영하 10여 도를 오르내리니 아래층 홀도 냉기만 감돈다.

뛰는 듯이 본관 2층 수술실 쪽 계단을 올랐다. 사람의 숨소리마저 들릴 듯한 적막 속에서 희미한 전등불 아래 의자에 웅크리고 앉은 세 모녀. 자초지종 모든 얘기를 듣는다. 마음만 찡하고 서글프다. 갑자기 외톨이가 된 기분이다. 우리들은 말없이 수술실 바깥 상황판만 바라보고 앉았다. 평소엔 수술환자의 이름이 빼곡히 적히는 그 상황판에 지금은 그 사람 이름만 홀로 적혀있다.

복도에 걸린 벽시계가 새벽 2시가 넘었는데 수술실에서는 아직 아무런 기별이 없다. 마음은 초조하고 불안하다. 연휴를 대비하여 당직 의료팀이 처음부터 대기상태에 있었을 터인데, 왜 이렇게 시간이 오래 걸리는가? 아마도 예사로운 상태가 아닌 모양이다. 그렇다면 이 정초연휴에 그것도 초하룻날 한밤중에 수술전문 팀을 긴급수배 소집한 것이 아닐까? 몇 년 전에 그 사람을 수술했던 그 팀을 또 다시 소집한 게 아닐까. 아니, 설혹 그렇더라도 별 문제는 없을 거야. 그동안에 정기점검과 건강관리를 하느라고 최선을 다 했으니까. 온갖 생각이 머리를 스친다.

이윽고 수술실 문이 열리더니 보호자 가족을 찾는다. 오십 대

초반으로 보이는 수술 팀장이다. 급하게 수술하게 된 이유와 현재 상태를 자세히 설명해준다. 상상외로 상태가 좋지 않아 어려움이 많았고 까다롭고 민감한 부위인지라 수술시간도 많이 걸렸다. 하지만 최선을 다한 수술이었다고. 당분간 중환자실로 옮겨서 회복과정을 지켜보자 한다. 우리는 진심으로 감사했다.

그 사람은 몹시 지쳐 있다. 아직도 마취상태에서 깨어나지 못하고 있다. 인공호흡기며 고무줄과 호스로 온몸이 휘감겨 있다. 링거, 약주머니, 비닐 팩들이 주렁주렁 매달렸다. 고통이 오죽하겠느냐. 아는지 모르는지. 고참으로 보이는 간호사가 컴퓨터 의료기기 앞에서 기기에서 잠시도 눈을 떼지 않는다. 혈압, 맥박, 혈류 등등 온갖 사항을 체크하고 자리를 지킨다.

종합병원 분위기는 복잡하면서도 질서정연하다. 중환자실 분위기는 더욱 그러하다. 내·외과로 분리된 중환자실은 백여 개의 침상들로 꽉 찼다. 그야말로 상태가 중하고 심각한 환자들이다. 출입은 엄격히 통제되고 오전, 오후 한 차례씩 짧은 시간만 허용된다. 시간을 기다리는 안타까운 가족들은 대기실이나 복도에서 뜬눈으로 새운다.

출입문 가까이에 놓인 침상에는 초등학생인 듯, 머리에는 붕대를 감았다. 엄마인 듯한 젊은 여인은 눈물을 글썽이며 아이의 얼굴만 바라본다. 자식의 고통과 아픔을 몽땅 대신하려는 듯 안타까운 얼굴이다. 저만치 떨어진 침상에는 연세 많은 할머니가. 침상 곁에는 중년의 자식들이 둘러 서 있다. 하나같이 얼굴이며 온몸에는 약병이며 고무줄이 주렁주렁 매달렸다. 한쪽 구석에는 유리로 된 별실이 있다. 이중으로 격리되어 치료 받는 사람들이다.

해마다 최신 의료장비와 기기들을, 최신의 의료기술과 약품들을 도입하여 진료에 임하건만 밀려드는 환자들을 감당키가 어렵다. 진료 일정부터 수술의 순서며 하물며 입원실 방을 얻는 게 하늘의 별 따기란 말까지 있으니까. 지금의 우리나라 의료수준은 질과 양면에서 옛날에 비교해서 그야말로 괄목할 만한 발전을 이루었다. 하지만 진료체계의 불확실성, 무질서와 혼란, 대도시 집중현상은 1~3차 진료체계의 확립에 실패했기 때문이고 정부의 뒷받침이 부족했기 때문이 아니었을까.

우리 가족들이 차례대로 중환자실을 출입하던 어느 날 주치의(主治醫)는 병실을 옮겨도 좋다고 허락했다. 병세가 약간 호전된 것이다. 환자도 가족들도 안색이 밝아진다. TV도 시청하고 좋아하는 음악도 들으면서 지인들도 만날 수 있었으니.

그러던 어느 날이었다. 담당 간호사가 갑자기 긴장을 하기 시작했다. 의료기기상에서 급격한 변화가 잡힌 것이다. 급격히 떨어지는 혈압, 백혈구 수치, 혈소판 감소 등 나쁜 징후들이 계속해서 나타났다. 주치의가 달려온다. 온갖 의료장비가 동원되고 수혈 주머니며 약 주머니들이 수척한 그의 몸을 비집고 코로 입으로 온몸에 꽂힌다. 천근같은 무게의 저 장비들을 여윈 그의 몸이 지탱하다니. 성한 사람인들 견딜 수가 있겠는가? 그러기를 며칠 밤낮을 지탱하더니 주치의는 다시 중환자실로 옮기도록 한다.

중환자실에서의 적응은 사람마다 다른 것 같았다. 지나가는 나그네처럼 잠깐 쉬었다 가는 사람, 며칠간 묵었다 가는 사람, 장기간을 보내는 사람 등 각양각색인 것 같았다. 안타깝고 초조한 날들은 계속되었다. 병원에 처음 도착하던 날, 한밤중에 응급수술을 받던 날, "…상태가 워낙 좋지 않아서…" "까다롭고 민감한 부위를…"라고 말하던 수술의의 말. 온갖 생각들이 머리를 스치고 자꾸만 마음에 걸린다. 밤낮없이 복도에서나 의자에서 새우잠 자며 아버지의 용태를 지켜보는 조카딸애들 그리고 제수씨, 눈물겨운 가족애였다.

다시 들어온 중환자실에서의 투병은 더 힘들어하고 기복이 심한 것 같았다. 좋았다가 악화되었다가, 가족들의 마음도 아프고 당황스러웠다. 그럴수록 그의 기력도 점점 떨어지는 것 같았다. 돌변하는 상태를 지켜보며 눈물 흘리는 조카아이들. 앙상한 아버지의 팔다리를 주무르고 있다.

사람의 일이란 한치 앞을 모르는 것. 그날, 질녀의 그림 전시장을 둘러보고 모처럼 식구들끼리 저녁식사 자리까지 가졌는데, 갑자기 복통을 일으키고 구급차에 실리고 큰 수술을 받고서 오늘은 이렇게 사투를 벌이고 있으니.

어제부터 밤낮으로 자리를 지키던 주치의가 힘없이 다가와선 무겁게 입을 연다. 그리고 자꾸만 시계를 들여다본다. 그 사람은 봄눈처럼 조용히 갔다. 대범하고 낙천적인 아까운 사람. 중환자실이 그를 앗아갔다. 수술에 임해서도 겁이 없는 손가락으로 승리의 V자를 그리는 담대한 사람인데. 나는 너를 위해 아무것도 해줄 수 없구나. 사랑하는 아우야. 아! 아까운 사람아!

(2011)

주민등록증과 캐비닛

세상사가 마음먹은 대로 되는 것도 아니지만 어떤 때는 엉킨 실타래가 저절로 풀리듯 신통하게 해결되는 기적 같은 일이 일어나니 살만한 세상인지 모르겠다. 주민등록증만 보면 생각나는 가슴 조였던 그 시절을 잊지 못한다.

어느덧 30여 년의 세월이 지났다. 1975년 6월 경남 C군의 군수(郡守)로 발령받고 부임한 지 4~5개월쯤 된 10월 중순쯤이었다. 거국적인 사업으로 전 국민의 주민등록증(住民登錄證) 신규 발급 업무가 시작되었다. 다른 한편 새마을사업 또한 요원의 불길처럼 도시농촌 가릴 것 없이 한창 진행되던 바쁜 시절이었다.

그날은 새마을 가꾸기 사업 현장 몇 곳을 둘러 격려를 하고 오후 늦게 귀청을 했다. 먼지와 땀으로 범벅이 되었기에 특이한 사항이 없으면 퇴근 하려던 참이었다. 바로 그 순간 C면장의 다

급한 전화가 걸려왔다.

"영감님 죄송한 보고입니다. 열심히 하느라고 했는데 그만… 오늘 주민등록증 갱신업무를 마치고 일일결산(日日決算)을 하다 보니 주민등록증 백지(白紙)용지 20매가 없어진 것을 발견했습니다." 흥분된 목소리가 떨렸다.

"전 직원이 백방으로 찾고 있습니다. 오늘 낮에 부락 현지 출장해서 발급 업무를 담당한 직원들의 행적을 일일이 추적하고, 귀청하다가 혹시 주막이나 식당에 들렀는지 역추적하고 있습니다. 죄송합니다. 꼭 찾겠습니다."

안보와 대공차원의 문제인지라 눈앞이 캄캄했다. 1968년 북괴 '김신조' 일당의 청와대 기습사건 이후, 대공측면에서 더욱 엄중하게 처리되어야 할 업무로 인식하고 있었다. 사상 처음으로 각 개개인에게 주민등록번호가 부여되는 매우 중요한 업무였다.

내키지 않는 사고 보고를 지휘계통으로 보고하는 심정은 참담했다. 중앙에서도 당황한 것은 당연했다. 업무의 중요성이 그만큼 컸다는 것을 말한 것이다. 여하튼 최선을 다하여 하루 빨리 찾아야만 한다는 명령이었다.

관내는 발칵 뒤집혔다. 모든 유관기관과 단체들의 협조를 얻어야만 했다. 군청 산하 모든 읍면 직원들, 새마을 지도자, 경찰서 산하 모든 지파출소, 군부대 및 예비군 중대, 가능한 모든 조직의 협조를 구해야만 했다. 그날 출장 갔던 부락의 주민들,

부락까지 오가던 길목, 길가 풀밭까지 샅샅이 뒤졌다. 평소 나를 아껴주던 그 고장 토박이요 지역민의 신망이 두터웠던 예비군 지역총책인 L씨의 협조는 매우 고마웠다.

그렇게 만반의 준비 태세를 갖추고 철저한 교육까지 시켰건만 왜 하필, 내 관내에서 이런 일이 일어나다니. 나를 위시한 공무원 몇 사람이 책임진다고 쉽게 끝날 일이 아니다. 업무상의 기밀이나 백지용지가 만약 대공 취약대상자에게 누설되는 경우에는 큰 어려움에 봉착할 것이라 생각하니 여간 걱정스럽지 않았다.

이틀이 가고 사흘이 지나도 찾았다는 소식이 없었다. 면사무소의 모든 책상 서랍, 캐비닛, 낡은 서류상자 등등 찾을 만한 곳을 밤을 새우며 모조리 다 뒤졌다. 드디어 몇몇 직원들은 대공 용의선상에까지 오르는 듯했다. 담당직원이 곤욕을 치른다. 평소에 책임감 있는 부지런하고 야무진 직원이었는데. 내 마음도 무척 아팠다. 아니, 군청과 모든 산하의 면 직원들도 하나같이 마음이 우울하고 사기가 떨어졌다. 모든 업무들도 침체의 늪에 빠진 듯 느껴졌다.

착오가 날 틈이 없을 정도로 업무를 꼼꼼히 처리했다고 말하는 담당 직원들. 답답한 심정, 지푸라기라도 잡는 심정으로 면장과 지서주임이 관내에 용하다는 점쟁이 할머니를 찾아갔다. 점쟁이 할머니 왈, "거기이 하얀 종이에 싸갔고, 한쪽 구시게에

잘 모셔 잇구머"라고 말하여 그들은 웃고 말았다 했다.

닷새를 지났으나 아무런 성과가 없자, 파견 수사팀도 당황하기 시작한다. 그들은 마지막으로 다시 한 번 캐비닛에 남겨진 지문들을 채취키로 했다. 대공용의점 이외에도 내, 외부에 있을지 모르는 절도범의 단서라도 찾기 위해서였다.

백지용지를 포함하여 발급중인 용지, 진행 중인 일체의 서류들을 보관했던 그 이중(二重) 캐비닛을 수사요원 두 사람이 들고서 면장(面長)실로 옮기는 도중 무거운 탓에 한쪽 손이 미끄러지면서 캐비닛이 바닥에 곤두박질쳐졌다. 그 순간 캐비닛 문이 활짝 열렸다.

그런데 캐비닛 상단(上段) 철판과 뒷벽 철판 사이에 세모꼴의 하얀 종이쪽지가 끼어있다. 두 장의 철판 사이에 끼어있던 종이가 캐비닛이 마룻바닥에 곤두박질치는 순간 틈새에서 튀어나왔던 것이다. 하얀 종이에 싸서 잘 보관된 백지용지 20매였다. 즉시 반가운 소식을 지휘계통을 통해서 보고를 했다. 하지만 비참했던 기분은 영 사라지지 않았다.

그 당시의 면사무소 환경은 말이 아니었다. 일선말단의 실정을 중앙에서는 잘 모른다. 낡고 좁은 시멘트바닥 청사에 책상과 집기는 숫자마저 부족했다. 부득이 오래된 목재 서상(書箱)이나 귀퉁이 찌그러진 고장 난 철제 캐비닛 몇 개가 고작이었다. 그 중요한 보안업무를 허술한 사무환경 속에서 치러야 하다니. 도저히 참을 수가 없었다. 긴급 예산조치를 취하고 수의계약으로 단기간에 이중 철재 캐비닛을 시중에서 구입하여 각 읍면 사무소에 배정을 했다. 그것도 잘못이라면 모든 책임은 나에게 있었다. 이럴 때도 과유불급(過猶不及)인가.

수습을 한 후 사의(辭意)를 표했다. 나라와 사회에 봉사하는 참다운 목민관(牧民官)이 되겠다고 나름대로 열심히 살아갔건만 내 관운이 이것 밖에 되지 않는구나 생각하니 서글픈 심정 말할 수 없었다. 대학을 다니고 시험공부를 하고 공들여 노력한 모든 것들이 허무하구나. 비통한 심정 말할 수 없었다.

다행히도 아껴주시던 상사와 선배들의 따뜻한 배려 속에 사의는 반려되고 위로의 인사까지 들으니 눈시울이 뜨거웠다. 직업 관료로서의 뜻과 포부를 이루려고 맡은 바 소임을 진정 열심히 했는데, 최선을 다하며 살아왔는데, 세상일이란 의지와 용기만으로 되는 것이 아님을 뼈저리게 느꼈다.

그 시절, 같이 고생한 참모들 그리고 C면사무소의 김(金)서기를 잊지 못한다. "내 운(運)이 그뿐이니 어쩌겠소"라고 말했을 때 말없이 눈시울을 붉히던 아내, 그리고 늦은 밤 코흘리개 아이들의 잠든 모습이 잊혀지지 않는다.

(2004)

나의 시인(詩人) 친구

고희를 넘긴 지가 오랜데 친구들은 건강했다. 하얀 머리 잔주름에 검버섯쯤이야 어쩌겠나. 이름도 가물가물. 미안한 마음에서, "니 이름이… 뭐라 카더…?" 그 친구가 얼른 제 이름을 먼저 말해준다. 멋쩍은 순간에, 아! 그렇지 하면서 서로는 끌어안는다.

"건강 하구만. 애들은 다 여의었겠지. 사는 집은 어디에?" 오랜만의 고향 동창모임에 서울 친구들도 많이 갔다.

고향 해운대(海雲臺) 바닷가. 한 여름철 발 디딜 틈도 없던 그 넓은 바닷가, 붐비던 인파들이 썰물처럼 빠져나간 가을 백사장. 하얀 모래 위엔 오후의 가을햇살이 조용히 내리는데 하얀 갈매기가 쉬고 있다. 우리가 도착할 무렵에는 마천루(摩天樓) 빌딩 사이로 붉은 석양이 비치면서 우리를 반기는 듯했다.

지난날의 이야기로 꽃을 피운다. 짧지 않은 세월, 열심히 살아온 개선장군 같은 모습들, 하지만 살아온 세월의 뒷골목에는 희로애락 또한 얼마나 많았으랴. 오늘의 만남이 어찌 기쁘지 않으리. 학창 시절의 옛 친구들을 만났으니. 축배의 술잔이 넘친다. 고향의 가을 밤, 해변에서 모두들 기분 좋게 취하고 이 밤을 즐긴다. 어두운 밤바다를 바라보면서 흘러간 청춘도, 흘러간 옛사랑도 노래 부르며 낭만의 밤을 즐긴다.

추억을 회상하며 옛 노래를 다투어 부른다. 일행 중에는 시인이요 작사가인 J군도 함께했다. 열기가 무르익고 그 친구가 작사한 노래들이 분위기를 압도한다. '가슴 아프게', '마포종점', '덕수궁 돌담길', '흑산도' 등등.

해변의 밤은 무르익어 가건만 낭만에 젖은 올드보이 친구들은 돌아갈 생각을 않는다. 낭만의 가을 밤, 마린시티의 휘황찬란한 야경(夜景)과 멀리 광안대교(廣安大橋)가 보이고 형형색색의 네온 불빛이 밤바다에 반사되는 환상(幻想)의 바닷가. 그 황홀감에 젖었나 보다. 자정이 넘은 이 밤중에 삼삼오오 노래방으로 산책길로 다시 나선다. 하지만 아까부터 술에 취해 흐느끼는 듯 밤바다만 바라보던 J군, 주옥같은 시를 꿈꾸고 있는지 모르겠다.

시인은 슬프고 고독한 사람이라고 책에서 읽었던 구절이 생각난다. 시인의 운명은 마치 '암(癌)에 걸린 조개의 운명'과 같은 것이라고. 암에 걸린 조개만이 진주를 만들 수 있듯이, 수많은 사람들 가운데에서 신음하고 고통을 겪은 이가 시를 낳을 수 있다고 했다. 시인은 슬프고 고독하고 눈물 많은 사람이라고 말하고 있었다.

고교 시절부터 그는 시를 쓰기 시작했고 통학버스와 전차 안에서도 시상(詩想)을 가다듬었다. 중얼거리는 듯 유명 시를 암송하던 그의 모습, 감성적이고 눈물 많던 친구였다. 서라벌예대 문예창작과를 졸업하고 그해 국가재건 운동본부 주관 문예작품 현상공모전에 '시부문'에 당선되면서부터 작품 활동을 시작했다.

그의 시집 『하동 포구 이야기』에서는 「산수유」, 「고향의 강 섬진강아」, 「첫눈」 등등 고향과 애틋한 첫사랑 같은 그의 서정 시들을 읽을 수 있다. 그리고 수많은 노래 시들이 작곡가에 의해서 곡이 붙여져서 대중들의 사랑을 독차지 하였다. '덕수궁 돌담길', '마포종점', '가슴 아프게', '흑산도 아가씨' 등. 3천여 편의 노래시가 그에 의해 씌어졌다.

한편 서사시(敍事詩) 「고려인의 유배열차」와 장시(長詩) 「섬진강」, 「지리산」, 「백두대간」을 발표했다. 두 권의 노래시집(『시로 쓴 사랑 노래』, 『꽃 핀 노래사랑 시』)과 두 권의 시집(『하동포구 이야기』, 『백두대간』)으로 묶었다.

수상경력 또한 화려하다. '무궁화 대상', '옥관문화훈장(문공부)', '하동군민 대상', '시문학 예술상', '방송가요대상' 등 다채롭다.

그의 노래를 사랑하는 많은 사람들에 의해 전국 여러 곳에 노래비(碑)가 헌정되어 있다. 고향 하동의 생가 마을에 조성된 '정두수 노래공원'을 비롯하여 전국 12개소에나 산재되어 있다.

우리는 서로 다른 길을 살아갔기에 만남은 적조했다. 하지만 TV 등을 통해서 그의 노랫말을 듣고는 그의 재능과 앞날의 성공을 기원하곤 했었다. 해운대 백사장의 만남 이후, 나는 그의 시들을 다시 읽기 시작했다. 가슴에 맺혔던 이렇게 아름답고 고운 시어들을 토해내기 위해서, 그는 때로는 술에 취해 눈물 흘리고 가슴 아린 시간들을 얼마나 많이 보냈을까. 고향 같고 첫사랑 같은 시들이 가슴을 적신다. 난해한 현대시보다 가슴 따뜻한 서정시가 나는 좋다.

밤 깊은 마포종점 갈 곳 없는 밤전차
비에 젖어 너도 섰고 갈 곳 없는 나도섰다.
강 건너 영등포의 불빛만 아련한데
돌아오지 않는 사람 기다린들 무엇 하나
첫사랑 떠나간 종점, 마포는 서글퍼라.

-「마포종점」-

비 내리는 덕수궁 돌담장 길을
우산 없이 혼자서 거니는 사람
무슨 사연있길래 혼자 거닐까
저토록 비를 맞고 혼자 거닐까

밤비가 소리없이 내리는 밤에.

밤도 깊은 덕수궁 돌담장 길을
비를 맞고 말없이 거니는 사람,
옛날에는 두 사람 거닐던 길을
지금은 어이해서 혼자 거닐까,
밤비가 하염없이 내리는 밤에.

-「덕수궁 돌담길」-

내가 좋아하는 노래시 중 하나다. 「덕수궁 돌담길」에 얽힌 얘기를 그는 다음과 같이 말했다. 1960년 초, 한 청년이 봄비를 맞으면서 오열하고 있는 광경을 목격했다. 무엇이 그 청년으로 하여금 그토록 슬프게 했는지. 하지만 그 청년의 제대(除隊)복이 봄비에 흠뻑 젖어 있었다고 했다. 덕수궁 돌담길은 그 시절, 젊은 대학생들의 아베크 코스였다. 전차가 유일한 교통수단이던 1950년대 주말이면 도심 속으로 나온 그들은 호젓한 고궁 돌담길을 거닐었다. 하지만 이 거리를 자주 걷는 연인들은 결국 이별하게 된다는 얘기도 있었다 한다.

작가 그 자신도, 대학을 갓 졸업했거나 총각 시절이었는지 모르겠다. 그 외 「물레방아 도는데」, 「가슴 아프게」 등, 가슴 저미는 그리움과 이별의 노래시가 많다.

그는 고향을 풍광명미(風光明媚)의 삼포향(三抱鄕)이라 자랑했다.

지리산 자락, 섬진강 강가, 그리고 한려수도 발꾸미포구와 노량 바다를. 티없이 맑고 고운 그의 성품도 그 많은 눈물조차 그의 고향을 닮은 것 같다. 세파에 부대껴서 순결하던 그 마음이 혹시 상하거나 좌절감을 느낄 때, 그리고 한편의 주옥같은 시상이 떠오를 때면, 그는 귀소본능(歸巢本能)처럼 고향을 생각하고 꿈꾸던 마음 여린 시인이었을 것이다. 이별과 기다림과 그리움이 묻어 있는 그의 시어들을 읽으면서 생각했다. 고향을 잊지 못하고 시와 더불어 살아온 고독한 사람이었던 것만 같다.

심혼(心魂)을 다 바쳐 외길로 살아온 그가 자랑스럽다.

(2011)

주례(主禮)

고향의 옛 친구가 자기 조카 결혼식 주례를 부탁해 왔다. 세상경험도 이룩한 것도 없는 부족한 이 사람에게 결혼식 주례를 부탁하다니. 주례는 아무나 하는 것이 아니라 생각한다. 완곡하게 거절하느라고 나는 애를 먹었다.

마침 지난 일요일에는 결혼시즌이라서인지 두 곳의 예식장을 들러야 했다. 한 곳은 시내 복잡한 지역에 있었다. 3층 건물의 예식장 홀마다 시간 따라 예식을 마치고 나오는 하객들로 엘리베이터며 계단마다 하객들로 북적였다. 다음 식장은 ○○호텔 예식장. 하얀 백합으로 장식된 호화로운 예식장에는 지정좌석에다 명찰까지 붙어있다. 전체적으로 두 곳 분위기가 너무나 대조적이었다.

집으로 돌아가는 차 안에서 곰곰이 생각하니 한심한 생각이 든다. 결혼식을 부와 자만심의 전시장으로 생각하는 사람들이 있는가 하면, 남들이 비싼 예식장에서 치르니까 처지에 과분한 부담을 무릅쓰고 시내의 비싼 예식장을 잡아 혼례를 치른다. 한심한 생각이 든다.

부와 세를 과시하고픈 호화롭고 사치스런 결혼식장일수록 주례는 힘 있는 실력자를 모신다. 인생의 귀감이 될 만한 선배나 은사들보다 권력 지향적이다. 가끔은 경박하고 요란한 이벤트성 결혼식까지 떠들썩할 때도 있다. 인생의 새 출발을 인도하는 경건하고 사랑이 넘치는 그런 분위기가 아쉽다.

고향의 친구에겐 완곡하게 거절을 했지만, 기실 옛 군수 시절에 새마을 지도자의 고집에 꺾여서 단 한 번의 주례를 회상하면서 혼자서 웃었다.

70년대 중반, 새마을운동이 요원의 불길처럼 맹렬히 번지고 있었다. 결혼식과 장례 절차에 관해서 그때도 세간에는 허례허식이 많았지만 오늘에 비하면 아무것도 아니었다. 정부에서는 '가정의례 준칙에 관한 법률'을 제정했지만 국민생활 실천운동으로 권장만 하였지 강제하지는 않았다.

오전 참모 회의가 끝나면 간부들은 각자 담당 새마을 부락을 방문하여 각종 사업을 독려하고 지도할 때였다. 군수인 나 역시 부락을 방문하여 새마을 지도자를 격려하고 사기를 북돋웠다. 새마을 가꾸기, 산림녹화, 소득증대 사업 등등 모든 것은 새마을 운동으로 통했다.

어느 날, S면 모 부락에 들렀더니, 노총각이던 새마을 지도자가 진지한 표정으로 자기 결혼식 주례를 부탁했다. 그는 젊은 열성 지도자였다. 인생경험도 농촌행정 경험도 미숙한 풋내기(?) 군수에게 자기의 결혼식 주례를 부탁하다니. 처음 듣는 일이라 무척 당황했다. 확답을 하지 않은 채, 나이 지긋한 부군수에게 의뢰토록 했지만 그의 고집은 꺾이지 않았다.

식장은 군청 소재지 읍내 새마을 회관. 주례는 삼십 대 후반의 젊은 군수. 신랑 신부는 군수와 나이가 비슷한 새마을 지도자 한 쌍. 지역민들도 새마을 지도자들 간에도 한때 화제가 됐다. 아마도 딱딱하고 간결한 격식과 어투로, 군청 강당에서 조례처럼 치러진 새마을 행정스타일(?) 결혼식 주례가 아니었을까. 지금 그때 일을 생각하면 절로 웃음이 난다.

그때의 외도 때문에 다른 지도자들의 비슷한 부탁을 거절하기가 무척 힘들었지만 완곡하게 뿌리칠 수밖에 없었다. 때마침, 그즈음에 상부로부터 공직자의 결혼식 주례를 금지하는 행정지시가 있었다. 나는 내심 잘 되었다 생각했다. 몇몇 일선 도시를 더 다녔지만 그런 일은 없었다.

주례는 많이 서면 죽어서도 좋은 곳으로 간다는 말이 있듯이 분명 복 받을 일이다. 두 사람의 영혼을 하나로 맺어주는 성스러운 역할을 아무나 주관할 수 있는가. 결혼식 주례란 어느 정도의 연륜도 차고 세상 경험도 풍부한, 인간미 넘치는 원만한 성격의 소유자라야 하는 것이지 격에도 맞지 않은 아무나 하는 것이 아니다. 나의 주례는 처음이고 마지막으로 그렇게 끝났다.

(2003)

어떤 영수증(領收證)

책장 서랍 속에 오래된 낡은 편지봉투 하나가 있었다. 무엇일까. 봉투 안에는 작은 종이쪽지 영수증 사본 한 장이 들어 있다. '불우이웃돕기 성금 영수증 사본' 수취인은 ○○회사, 발신은 ○○기관장 명의로 금액이 제법 많았다. 강산도 변한다는 세월이 몇이나 흘러갔는데 그 시절의 영수증 사본 한 장이 거기에 있었다니.

지방 일선기관의 부책임자로 있을 때였다. 기관장을 보좌하고 대내 업무를 총괄하자니 온갖 사무의 결제며 각종 회의 주관 등 바쁜 나날이었다. 기관을 예방하는 외국인이나 중앙의 관계관 또 여러 분야의 이해관계인이나 민원인들도 찾아온다. 때로는 반갑잖은 집단민원으로 데모대도 들이닥친다.

찾아오는 사람 중에는 굵직한 명함이나 중앙요로의 실력자의 소개장을 갖고 오는 경우도 있고, 사전에 전화로 소개한 후에 찾아오는 사람도 많다. 그들의 민원이란 십중팔구는 지방행정 관청에서 계획 발표한 특정 업무, 이권이 개입될 소지가 많은 사업계획들에 관해서 알고자 하거나, 또는 특별한 배려와 선처 등을 두루 부탁한다는 말이다. 은연중에 명함과 소개장의 인사와의 친소(親疏)관계도 내비치면서 잘 알아 달라는 뜻이기도 하다. 명함과 소개장, 전화예약을 하고 찾아오는 민원인이란 거의가 그런 사람이다. 어떤 때는 상식에서 벗어나고 불법과 위법을 예사로 생각하는 몰상식한 사람도 만나게 된다. 그럴수록 단호하게 가부의 결론을 얘기해주고 명확히 얘기해준다.

그들 중에는 가끔 질 낮은 장사꾼도 있었다. 수단방법을 가리지 않는다. 청탁이 먹혀들지 않으면 노골적인 봉투세례로 나오기도 한다. 그럴 때면 관계관과 실무진을 부른다. 친절하고 부드럽게 대민업무를 수행하라지만, 자존심 상하고 속이 뒤틀리는 경우가 어디 한두 번이어야지. 참고 견디는 편은 언제나 공무원이다. 어느 공직자가 제 무덤을 스스로 파겠는가. 그는 목적이 달성되지 않으면 집요하게 또 다른 외압으로 조여오기도 한다. 그렇다고 일일이 상대하거나 하소연할 수도 없는 노릇, 한심한 생각이 든다. 그리고 언제나 조용하게 끝나기를 바라는 심정이다.

상식이 통하지 않는 끈질긴 그런 사람이 간혹 있다. 그럴 땐 관계관으로 하여금 불쌍한 이웃을 돕는 일에 기탁하도록 권유 설득하여 기부케 한다. 어디까지나 자의에 의한 불우이웃돕기 성금기탁이다. 잡음 없이 돌려보내기 위해서 마지막 수단으로 생각해낸 방법이다. 업무는 공명정대하게 소신껏 처리한다. 동시에 기탁금의 영수증을 즉시 교부하고 여의치 않은 경우에는 반드시 등기 우송토록 함과 동시에 영수증 사본까지 확보케 한다.

지방일선에는 불우이웃돕기성금 계좌는 언제나 비어있었다. 예산집행으로 도와줄 수 없는 딱한 경우가 말단행정에서는 많이 생긴다. 요즈음처럼 기초적인 구호가 제도화되지 못한 옛날의 일선 행정이라 고충도 많았다. 걸인들 가출인들 행려환자들 긴급구호를 해줘야할 사람들이 너무 많았다.

때마침 그 시간에 청사 안 사무실 좁은 복도에는 한 무리의 여인들, 거리의 노점상들이 몰려와서 직원들과 입씨름을 벌이고 있었다. 도로점용을 과잉 단속하여 장사할 수가 없어 먹고 살 수 없으니 완화해 달라는 하소연이다. 때로는 그들의 딱한 사정도 들어주면서 이끌어 가는 것이 일선행정의 몫이다. 어쩌면 세상을 살아가는 방법이 이렇게도 극(極)과 극을 이루고 있는지.

세상에 비밀은 없다는데. 시간이 흘러가면 모든 것은 알게 되는 법. 이심전심(以心傳心)으로 전파되겠지. 그 시절 이후, 수많은 세월이 흘러갔는데 그때의 사본 하나가 편지봉투 속에 넣어져 있었다니.

지금은 세모(歲暮)를 앞둔 영하(零下)의 거리, 오가는 사람들의 표정에도 웃음은 보이지 않고 삶에 힘겨워 찌푸린 날씨만큼이나 무거워 보인다. 세상이 각박하다 힘들다고 야단이다. 하지만 거리엔 빨간 자선냄비의 종소리가 울리고 불우한 이웃을 위해 온정의 손길들을 기다리고 있다. 얼마 전에는 여생이 오래 남지 않은 연로한 노인 내외분이 자선냄비를 찾아와서 거금(巨金)을 놓고 갔다는 흐뭇한 얘기를 들었다. 어버이의 손에 이끌려 어린 꼬마들도 고사리 같은 손으로 저금통을 들고 와서 사랑을 보태고 있다.

연일 매스컴에서는 일부 정치인들의 떳떳하지 못한 정치자금 사건을 계속 보도하고 있다. 국민들의 귀감이 되어야 할 그들이 오히려 국민들의 마음을 날씨만큼이나 우울하게 하고 있다. 진작 빨간 자선냄비에 그들의 양심을 넣었더라면, 불우이웃돕기 성금에 기탁을 했더라면 누군가 영수증이라도 떼어주었을 텐데.

오늘 수십 년 전의 옛날 영수증 사본을 물끄러미 보고 있으니 상하가 합심하여 올바르게 살아가려고 애쓰던 그 시절의 모습이 그리워진다. (2010)

친구 J군

U시에 부임한 지 얼마 되지 않았을 때였다. 주민들을 만나고 지역민원도 청취할 겸 관내 동(洞)을 순시하고 있었다. 그날은 바다가 가까운 H동으로 안내 받았다. 계획된 행사를 모두 마치고 귀청을 하려는데 중년의 한 사나이가 내게로 다가왔다.

자기는 나의 고교 10년쯤 후배라고 소개하면서, 내 동기생인 J씨를 기억하느냐고 물었다. J의 이웃에 사는 마을토박이라고 했다. 당장 그 친구를 만나고 싶다 했다. 하지만 아쉽게도 몇 년 전에 세상을 떠났다고 했다.

까만 얼굴의 텁텁한 그 친구를 보고 싶었는데. 이곳으로 오기 전부터 나는 그를 찾으리라 마음먹고 있었는데. 지지리도 못난 사람, 박복한 사람, 세상에 나왔다가 고생만 실컷 하다가 간 사람이라고 볼멘소리를 하면서 후배는 J군이 살아온 지난날의 얘기를 들려주기 시작했다.

그는 부모를 일찍 여의고 어부인 형에 의지하여 살아가고 있었다. 형은 위험도가 높은 잠수어부였다. 국민학교를 마치고 가난 때문에 진학하지 못하고 배를 탔다. 잠수부 생활을 하면서 공부 잘하는 동생을 그곳 중학교를 졸업시키고, 다시 큰 도시 P시의 고등학교로 유학을 보냈다.

그는 형의 도움으로 P시에서 낡은 초가집일망정 방 한 칸을 빌려서 고향의 다른 친구 한 사람과 둘이서 자취생활을 했다. 나이도 또래들보다 많았고 리더십도 있어 학급의 반장을 맡고 있었다. 우수한 성적으로 고교를 졸업하고, P대학 법학과에 진학을 했다. 장학금 혜택도 받고 아르바이트도 하면서 학업에 열심이었다.

그러기를 1년쯤 지났을 때였다. 집안의 대들보였던 형이 어로사고를 당하여 횡사하였으니 집안이 풍비박산이 되었다. 어린 조카들의 끼니마저 걱정일 정도로 집안이 일시에 피폐해졌다. 그 무렵, 그 역시 건강이 매우 나빠져서 학업과 아르바이트를 병행하기가 어려웠는데, 설상가상으로 집안의 대들보였던 형의 죽음까지. 부득이 고향으로 돌아갈 수밖에 없었다.

고향에 돌아온 그 무렵이었다. 조용하고 평화롭던 고향마을에 청천(晴天)벽력이 떨어졌다. 개발의 연대, 국토개발과 공업화의 거센 바람이 불기 시작했다. 그의 마을을 포함한 U시의 동부지역 일대가 그랬다. 최초의 공업단지, 석유화학 산업단지, 조선산업단지 등.

대대로 농사짓던 비옥한 농경지, 평화롭던 바닷가 마을에 날벼락이 떨어졌으니. 국가 백년대계를 위한 국책사업이라고 하지만 주민들의 목구멍을 조이는 절박한 문제였다. 생명줄인 논과 밭, 어장을 떠나라는 것. 민심은 동요하고 극도로 악화됐다. 비바람을 피하고 잠자리를 마련할 이주단지도, 생계대책도 미처 마련하지 못했는데, 불도저는 기계음을 내면서 밀어닥쳤고 모든 절차는 더디게만 뒤따를 뿐이었으니까.

토지수용 규모, 보상가격 등 모든 것이 주민들에겐 불만이었다. 불만은 집단사태로 폭발했다. 당국은 마을원로들에게 또 J군을 비롯한 청년지도자와 부녀 지도자들에게도 대화와 설득을 계속했다. 그 시절만 하더라도 바닷가 마을에서 대학문턱을 넘어본 사람은 그 혼자뿐이었다. 건강도 좋지 않아서 고향에 와서 머물던 그를, 마을사람들은 젊은 지도자 중의 지도자로 생각했다. 그 역시, 처음에는 울분을 참을 길 없어 앞장서서 반대하고 시위도 주도하고 싶은 심정이었지만, 냉정을 잃지 않으려고 무척 애를 썼다. 일부 사람들로부터 '사꾸라'란 소리도 듣고 욕설과 원망을 듣기도 했지만 이후로는 젊은 사람들을 무마하고 설득하기에 이르렀다.

개발의 회오리바람도 점점 가라앉고 잠잠해져 갔다. 집안 형편을 생각하니 서둘러 결혼을 해야만 했다. 시간이 지나면서 그의 건강도 호전되어 갔다. 고향에 살면서 마을 일도 주민들의 심부름도 하지 않을 수 없었다. 한동안 잘 지내다가 어느 날 갑자기 건강이 악화되더니 오래 버티지 못하고 세상을 뜨고 말았다고 후배는 얘기를 끝냈다.

또래 아이들보다 2살이나 많은 그와 나는, 학급의 반장과 부반장을 맡고 있었다. 어느 날 수업을 마치고 하교하던 길에 그의 자취방에 들렀다. 너무나 궁색한 생활을 하고 있는 그를 보고 나는 정말 놀랐다. 부모의 슬하에서 학교를 다니는 내가 얼마나 행복에 겨운 사람인지를 크게 느낀 계기가 됐다.

고교 졸업 이후로 서로는 연락이 없었다. 다만 어려운 형편에도 P대학에 입학했고, 도서관에서 열심히 공부하고 있다는 반가운 소식을 풍문에 듣기도 했다. 그 훗날 소식에는 가정이 몰락하다시피 되고 건강마저 나빠져서 학업을 포기하고 귀향을 했다는 얘기를 들었다. 그가 고향으로 간 지 얼마 되지 않아 전쟁터를 방불케 하는 사태가 벌어졌고, 사람들은 뿔뿔이 흩어지고 고향은 상전벽해가 되었다.

막걸리 스타일의 구수한 사나이, 검고 구릿빛 나는 긴 얼굴, 사려 깊고 의협심 많은 바위 같은 사나이였는데. 내가 그의 자취방에 처음 갔을 때 가난한 모습이 쑥스러웠던지, 내 사주에 빈상(貧相)이 있다더라 하고 웃었는데 그 말이 씨가 되진 않았겠지.

부임하면 맨 먼저 그 친구를 찾으리라 마음먹었는데 아까운 친구는 가고 없었다. 후배의 말처럼 형편 한 번 펴보지도 못하고 고생만 하다가 간 친구. 그가 살아 있었다면 얼마나 좋을까. '시장친구 사무실에 계신가?' 너털웃음 웃으면서 내 집무실 문을 박차고 들어설 그 친구를 바랐는데.

(2007)

아빠! 오늘도 사무실에 가?

연휴가 낀 5월의 봄날이었다. 손주녀석들이 제 아빠엄마와 차를 타고 어디론가 놀이를 떠나려 한다. 아이들은 좋아라 하고 할아버지, 할머니도 함께 가자고 손을 끈다. 하지만 그때마다 나설 수도 없는 노릇, 너희들이나 재미있게 놀다 오너라는 말뿐이다.

서울 근교에는 공원도 놀이시설도 참 많다. 어린이대공원, 서울랜드, 에버랜드, 대형 백화점 쇼핑센터에도 놀이시설이 있다고 한다. 더 멀리 나가면 물놀이 시설, 수영장, 온천장 또 겨울의 스키장 수없이 많다.

아이들을 아끼고 사랑하고 그들과 함께하는 시간이 많을수록 얼마나 좋은가. 정서발달에도 인성과 지능발달에도 유익함은 더 말할 필요조차 없는 것. 일부 젊은 엄마들 중에는 값비싸고 차

별화된 경제적 부담이 특수 유치원이나 조기 예능교육을 시키면서 만족해하는 경우도 있는 것 같다. 나는 어느 날 TV에서 젊은 맞벌이 부부가 어린아이를 돌봐줄 집안 어른이 계시지 않기에 아침 출근길에 동네 '어린이 집'에다 하루 종일 아이를 맡겼다가, 저녁 퇴근길에 아이와 함께 집으로 돌아가는 모습을 보면서 애처로움도 느꼈지만 무한히 따뜻한 어버이의 사랑이 깃들어 있음을 보았다.

어버이 사랑보다 더 순결하고 진솔한 사랑이 이 세상 어디에 있겠는가. 어릴 적 어버이로부터의 사랑 결핍은 성격형성에 결정적인 영향을 준다고 한다. 매일을 살아가면서 이 세상에는 사랑에 굶주린 어린아이가 상상외로 많다는 사실을 알게 된 것은 일선기관에서 근무할 때였다. 성탄절과 연말연시가 다가오면 선물 보따리를 준비하여 일선 행정기관에서는 관내의 불우아동 수용시설과 양로원 등 복지시설들을 방문한다. 사랑의 굶주림 속에서도 잘 자라고 있는 어린 아이들, 방문객들을 붙들고 매달려서 떨어지지 않는다. 사랑에 굶주린 그 어린것들이 아무나 보면 놓아주지를 않는다. 그때부터 목이 콱 멘다. 가엾은 어린것들. 누구의 책임인가. 그들의 꿈은 오로지 어버이의 사랑뿐이다.

젊었을 때 그렇게 시골에서 일선 근무를 하다가 다시 서울로 돌아오게 되어 근무하기 시작한 지 얼마 지나지 않았을 때였다. 중앙청의 각 부처마다 공휴일도, 밤낮 구분도 없을 만큼 바쁘게 돌아가던 때였다. 어느 일요일 아침, 평소처럼 출근을 하려고 현관을 막 나서는데, "아빠, 오늘도 사무실에 가?" 어린 아들녀석의 느닷없는 한마디였다.

나는 깜짝 놀랐다. 저는 유치원에 가지 않고 집에서 노는 날인데. 왜 아빠는 또 사무실에 갈까, 함께 놀아주지 않고서. 시골에서 살면서도 우리 아빠는 잠들 무렵에나 술에 취한 얼굴로 퇴근하던 아빠였는데.

그동안에 아비가 얼마나 무심했으면. 시골 살 때 녀석은 다섯 살배기였다. 아비는 농부 아닌 농부가 되어 1년 열두 달이 농번기나 다름없었다. 새마을사업이 불붙어서 밤낮 없이 다니다가 겨우 잠들 무렵에야 볼 수 있던 아빠의 얼굴이었으니. 이제는 서울 우리 집에 이사를 와서, 아빠, 엄마, 누나, 동생 온 식구들이 한데 모여 살게 되어 무척이나 기쁜데 왜, 아빠는 또 사무실에 갈까.

어느덧 그 아이도 한 아이의 아비가 되었고 그 역시 밤낮없이 바쁘고 비상근무다 해외출장이다 하면서 격무에 시달리며 살아가고 있다. 하지만 오늘날은 웬만한 직장마다 후생복지 제도가 많이 개선되었다. 토요일도 휴무를 하고 토, 일요일 연휴 기간을 이용하여 아이들을 데리고 함께 산으로 바다로 캠핑을 가거나 스키장 나들이를 가는 것을 본다. 보기에도 좋고 부러운 생각이 든다. 격세지감을 느낀다.

꼭 그렇게 살아야 했던가. 가난을 물려받은 세대가 땀 흘려 일하고 노력하지 않았다면 가난의 멍에를 어찌 벗어날 수 있겠는가. 유신시대의 일방적인 강압이었다고 욕하고 폄하할지 모르지만, 그 시절 우리는 오직 경제재건으로 국력을 신장하는 것만이 유일한 살 길이요, 애국의 길임을 확신하고 있었다. 오늘날 이만큼 살게 된 것은 오로지 그 시절 고생한 덕분임을 확신하고 자부심마저 느낀다.

지금 이 순간에도 국제경쟁에서 살아남아 더욱 전진하기 위해서 온갖 노력을 다하고 있는 젊은 세대들이 참으로 자랑스럽다. 세계 최고수준의 연구기관에서 계속 연구에 참여하고 일류 기업에서 활동하고 있는 우리의 후대들, 그 영재(英才)들을 보고 있으면 마음이 든든하다. 앞장서 노력하고 희생하는 사람이 있기에 제대로 굴러가는 게 아닐까. '한 알의 보리가 땅에 떨어져서 그대로 온전하다면 하나로서 그치리라. 하지만, 떨어진 보리알이 스스로를 부정하고 죽음으로써 그 뒤에는 많은 열매를 생산케 되지 않더냐.' 하지만 너무나 서운했던 게 못내 아쉽다.

(2008)

보고 싶은 오(吳)군

시인(詩人)을 꿈꾸던 옛 친구 오(吳)군을 요즈음도 가끔 떠올리곤 한다. 시인이 꿈이었던 그가 학업을 중단하고 방직공장 공원으로 가더니 평생 소식이 없다. 시조, 동시, 작문 등 글짓기를 잘하고 공부도 잘하던 그는 학교 백일장도, 예술제 행사에서도 장원을 도맡아 하던 친구였다.

그는 국민학교를 나와 같이 졸업을 하고 중학교에 진학해서는 학교 문예반에서 미래의 시인 꿈을 키우고 있었다. 그러나 얼마 못 가서 일어난 6·25사변은 그에게서 모든 것을 빼앗아 갔다. 경찰관인 아버지가 공비토벌 전투에 참전하여 전사를 했다. 설상가상 어머니는 병석에, 어린 동생들의 끼니마저 걱정이었다. 살고 있던 적산 가옥마저 비워야 할 형편이었으니, 그때부터 그는 학교에 나오지 않았다.

착하고 마음 여린 그가 얼마나 큰 충격을 받았을까, 얼마나 마음 아파했을까. 얼마 후, 친척의 주선으로 아버지 고향에 있는 어떤 방직공장 공원으로 들어갔다. 그의 꿈과 너무나 먼 세상으로 보내어졌다. 또래 아이들이 교모에다 교복을 입고 가는 모습만 보아도 눈시울을 붉혔다 한다. 다른 아이들은 저렇게 학교를 다니는데, 작업복을 걸친 제 모습에 얼마나 풀이 죽었을까. 처음 합숙소에 들어가서는 외톨이가 되어 밤에는 틈틈이 책만 읽고 가끔 눈물을 훔치기도 했다 한다.

친구들은 그의 아픔이 얼마나 컸던지 잘 몰랐다. 아직은 학생의 몸이었고 세상 물정도 몰랐다. 해어진 후 몇 년이 흘렀던지 나는 그가 몹시 보고 싶었다. 연약한 몸으로 고생하고 있을 그의 모습을 떠올리며 그를 찾았다. 만나고 싶다는 뜻을 전했지만, 끝내 그는 나타나지 않았다. 그의 심정을 헤아리지도 못하고… 그를 언짢게 하였을까. 그의 아픔도 위로하고 보고 싶었는데. 그날 이후 그 친구는 소식을 주지 않았다. 친구들이 모이는 기회에도 소식은 없었다. 모두들 그의 불행을 아파했고 그의 재주를 안타까워했다. 지금쯤은 형편이 좋아졌겠지, 시작(詩作)도 틈틈이 하고 있겠지 위로의 걱정만 하면서 앞날을 빌었다.

세상은 빠르게 변하고 있었다. 산업화와 공업화의 물결을 타고 농촌의 젊은이들이 도시와 공장으로 모여들었다. 취업을 위해서 상급학교 진학마저 포기한 소년 소녀들이 많았다. 그들을 위한 '산업체 부설학교' 제도가 만들어졌다. 낮에는 공장에서 일하고 밤에는 중·고교 교육과정을 이수케 하는 좋은 제도였다. 주경야독의 고생 끝에 졸업하는 그들의 졸업식장은 눈물바다가 되기도 했다. 그 모습을 보던 나는 친구를 생각했다. 이 훌륭한 제도가 좀 더 일찍 생겼더라면 그의 아픔도 덜했을 것이고 그의 꿈을 위해서 좋았을 텐데.

그 무렵, '근로자의 날' 행사가 해마다 열렸다. 근로자의 사기앙양과 정서함양을 위해서 각종 위로행사와 작품전시회가 열렸다. 자수, 공예, 그림, 서예와 시, 산문, 생활수기 등 다양한 출품작들이 선을 보였다. 심사결과가 발표되면 나는 친구의 이름을 찾기도 했다. 비록 공장에서 일하는 바쁜 몸이겠지만 틈틈이 시작은 계속하고 있으리라 생각했다. 해가 바뀌고 신년이 되어 주요 일간신문과 잡지의 신춘문예 당선자 발표 때가 되면, 또 나는 그를 기다렸다. 한동안 그렇게 기다렸는데. 그런데 왜 그는 그의 꿈을 접어야만 했을까. 향학의 꿈을 결코 버리지 않던 근로 청소년처럼, 그의 꿈도 버리지 않았으리라 믿었는데. 옛 충격이 그의 마음을 병들게 했을까. 고생되고 힘든 공장생활이 그의 시심(詩心)을 송두리째 앗아 갔는가. 가난에 시달려 살기가 힘들어서 버려야만 했을까. 시를 쓰던 거리의 환경미화원을 보았고 건설공사현장의 근로자도 보았다. 서민들의 애환을 노래하던 구멍가게의 주부시인도 보았는데.

그 친구에 관한 소문을 마지막 들은 것은 내가 고향으로 부임했을 때였다. 얘기는 그 친구가 현장경험이 많아서 공장에서는 없어선 안 될 우수한 기술자가 다 되어서, 윗사람의 신망을 받아 상당한 자리에까지 올라갔다는 소문이었다. 그럼 그렇지. 머리 좋고 부지런한 그가 비록 학운은 없었지만 굳게 열심히 살아가면서 훌륭한 기술자가 되었다니 반가운 일이다.

지난날을 되돌아보고 이제와 생각해보면, 어릴 적 꿈이었던 시인도 작가도 모두 좋지만 어떤 길을 살아가든 그곳에서 '인생'의 가치와 보람을 찾는 것이야말로 참된 삶이 아니겠는가. 하늘이 준 소명에 순응하여 자기에게 적합한 일에 매진하면서 '인생'의 가치와 보람, 희열을 느끼면서 살아온 게 아닌가. 눈물 젖은 빵을, 잠 못 이룬 수많은 밤을 울어본 그의 깨달음과 인생관을 나의 좁은 마음이 어찌 헤아릴 수 있겠는가.

(2004)

4.

뒷동산에 올라

마지막 봉사

상쾌한 봄날 아침이다. 복잡한 출근 시간대를 피해서 집을 나서 즐거운 마음으로 학교로 간다. 지하철로 한 정거장을 간 후에 고속버스로 갈아탄다. 지방의 K대학이다.

지난 3년, 고향 S대학에서 젊은 학생들과 함께 공부하며 즐거운 날들을 보낸 바 있다. 고위 공직 퇴직자 중 대학 강단 희망자가 많다 보니 초빙기간 연장이 어려웠다.

여름방학이 시작되던 때였다. 그동안 모은 좋은 논문자료도 현직의 후배들에게서 얻은 좋은 통계자료들이 아까웠다. 활용할 기회도 없어지니 평소에 좋아하는 후배 B교수에게 주고 싶어 전화를 했다. 그 무렵, 그는 K대학교 ○○학과장을 맡고 있었다.

"왜, 더 활용하지 않으시고…. 그럼, 이제부턴 뭘 하시렵니까."

나의 얘기를 다 듣고 난 후, 그렇다면 다음 학기부터 자기네 대학으로 오는 것이 어떠냐 한다. 일선행정 현장에서 보낸 지난 날의 경험을 학생들에게 들려주는 것은 좋은 공부가 될 뿐 아니라, 그들의 진로선택에도 도움이 될 것이라 말했다.

고속버스는 거침없이 달리고 차내는 승객도 별로 없어 조용하다. 한 시간 40여 분쯤 달린다. 차창 너머 싱그러운 들판도 익어가는 보리밭도 바라보다 나도 모르게 스르르 옛날 생각에 빠져들었다.

대학 졸업반이었다. 재학 중에 동기생 몇 명은 고시에 합격하고 졸업 전에 벌써부터 수습을 나가느니 하며 남은 동기생들의 신경을 건드린다. 또 다른 친구들은 국영기업체, 금융기관에 합격했다는 소문이 전파된다. 동분서주 하면서 어디든지 진로를 뚫고 나가는 친구들이 있는가 하면, 한두 차례의 불합격은 아랑곳 하지 않고 도서관에 틀어박힌다. 초지일관 목표를 달성하려는 소신과 열성파도 많다. 대개는 소 팔고 논 팔아서 서울로 유학 온 지방출신 학생들이다.

일찌감치 외국유학을 가거나 대학원 진학을 준비하는 친구들은 대개 서울 출신 동기들이 많았다. 학계에 남아서 뜻을 이루겠다는 친구다. 서울을 비롯한 수도권에 여러 개의 사립대학들이 설립되기 시작했다.

어느 날, 강의실 복도에서 민법학의 젊은 A교수와 마주쳤다. 사립 K대학의 젊은 교수로서 우리 학교에 출강하고 있었다. 나의 졸업과 대학원 진학여부, 그리고 앞으로 계속해서 공부를 할 생각인지를 알고자 한다. 상아탑으로 불리는 연구실에서 평생을 책과 더불어 보낼 생각이 있느냐는 것이다. 확답을 하지 못한 채 헤어지고 말았다. 그것들을 감당할 재주도 의욕도 내겐 없었다. 설사 능력이 있다 한들 집안의 경제적 뒷받침이 없이는 학문 생활을 계속하기 어렵다는 현실 이야기를 선배들로부터 들었던 바 있었다. 박봉에 시달리는 가난한 대학 교수, 합승 택시를 타고서 이 대학 저 대학으로 다니는 책 보따리 장사라고까지 비하하는 말까지 들었다. 결국, 다른 동기생처럼 시험에 합격하고 평범한 공직자생활을 시작했다. 그럭저럭 대과없이 공인생활을 마쳤다. 지난날 한때는 정치바람이 거세게 몰아치고 권력형 인사나 모함, 시기, 질투, 지역차별 등으로 불이익을 받을 때마다 순박했던 초심에 상처를 받고 나의 진로에 회의를 느낄 때가 한두 번 아니었다. 그때마다 상아탑의 연구실과 그 속의 친구들이 부러웠다. 그들을 바라보는 것도 기분 좋았다.

어느 날, 정권이 바뀌고 나의 퇴직도 예상보다 빨랐다. 새로 들어선 정부에서 일정 직급 이상의 퇴직자 중, 희망자에게는 산학 협력 차원에서 3년간의 대학 초빙강좌를 배려해 주었다. 해서, 나는 고향 S대학에서 3년간의 보람과 긍지의 봉사 시간을 보낼 수 있었다.

나는 지금 또 후배의 대학으로 가고 있다. 나의 마지막 봉사다. 나의 출강을 비웃던 지인도 친구도 있었다. 골머리 아프게 무엇 땜에 학교 가느냐. 골프채나 메고서 철 따라 외국 바람 쏘이러 다니면서 공이나 치지. 죽을 때 돈 갖고 가냐 하면서 비아냥거렸다. IMF사태 이후라 모두들 어려운 시기였다.

허긴, 평생을 권력과 힘 있는 자의 주변만 맴돌며 살아가던 해바라기족과 같았으니까. 허위의식에 가득 찬 사람들. 남의 대접만 받으며 특권의식에 젖어 살아온 사람들. 노블리스 오블리쥬(noblesse oblige)란 말은 안중에도 없는 사람들이었으니까. 나라가 사회가 국민들 모두가 어려울 때에도 온갖 혜택을 받으면서 살아온 어려움을 모르는 사람들이었다.

지금쯤은 앞장서서 나라와 어려운 국민들을 생각하며 사려 깊게 행동하고 마지막 봉사자로서의 자세로 살아야 할 사람들인데. 내가 아는 외교관 출신 K씨는 고궁에서 외국 관광객을 위해서 일주일에 몇 시간씩 통역원으로 봉사를 한다. 가는 곳마다 민원창구에는 퇴직자들이 자원 봉사를 하고 있다. 죽마고우 C군은 해박한 한문 실력으로 어느 문화센터에서 한문 시 지도강사로 봉사하는 즐거움을 맛보고 있다.

고속버스는 어느덧 종점인 K시의 터미널에 도착한다. 역사의 전통과 기품이 묻어나는 작은 고도. 대학 캠퍼스는 숲으로 싸여 있다. 넓은 운동장을 지나서 숲으로 난 길을 따라가면 도서관, 연구동, 강의동이 나온다. 도서관 넓은 홀을 가득 메운 학생들,

천근의 무게처럼 앉아서 모두들 책을 읽고 있다. 바깥세상에는 오늘도 데모와 소란으로 난리법석인데도 책 앞에서 요지부동인 젊은이를 보고 있으면 참으로 마음 든든해진다. 내실을 다지는 학문에 열중하는 저 젊은이들. 학문의 발전과 인격의 도야를 미루어 짐작할 수 있다. 마음 든든하다.

밤늦도록 불을 밝힌 교수 연구실. 외롭고 고독한 학문의 길에서 젊음을 다 보내고 어느덧 중년의 나이가 된 중견 학자들이다. 국내외에서 학위를 받기 위해 온갖 고생 다하고 경제적으로도 어려웠던 강사시절도 다 보냈다. 이제는 마음껏 학문연구에 몰두하는 외로운 순례자들. 정치도 모른 채, 재테크도 모른 채 오로지 학문 연구에만 정열을 쏟아온 이 땅의 지성들. 밤이 늦도록 연구실에서 책을 읽는 그들을 바라보면 나도 왠지 기분이 좋아진다.

초롱초롱한 눈망울. 잔잔한 미소가 흐르는 강의실. 자판기에서 뽑은 한 잔의 커피. 예쁘고 발랄한 여학생들의 웃음꽃. 즐거운 나의 마지막 봉사였다.

(2006)

뭘 더 바라겠소

지난봄이었다. 갑자기 허리와 다리에 통증이 오더니 걷기조차 힘들었다. 의사는 척추관 협착증이라 진단했다. 평소의 좋지 못한 생활습관이나 자세가 원인이라고 했다. 당분간 통증치료와 물리치료를 병행하면서 경과를 두고 보자고 말했다. 그리고는 걷기운동을 권장했다. 경사가 완만한 언덕배기나 평지가 좋다고 한다. 그것이 나의 처방전인 셈이었다. 여태껏 높은 산중턱으로 오르내렸던 등산이 오히려 좋지 않다고 말했다.

그날 이후부터 나의 걷기운동은 달라졌다. 간편한 복장에 모자를 눌러쓰고 만보계를 허리에 차고 혼자서 집을 나선다. 혼자서 걸어갈 방향을 몇 곳으로 미리 잡아둔다. 예술의 전당과 대성사 주변, 우면산과 관악산 언저리다. 때로는 한강 고수부지, 양재천 길, 그리고 과천의 삼림욕장 등이다.

가끔 지하철이나 버스로 몇 정거장을 가다가 도중에서 걸어간다. 자동차 매연으로 공기가 탁한 것이 흠이지만 걷다 보면 길가의 구경거리가 재미있다. 다리도 열을 받아선지 한결 가벼워지고 걸음걸이도 빨라진다. 조금만 밖으로 나가도 공기냄새가 다르다. 여태껏 얼마나 많은 탁한 공기를 마시고 살아왔는지.

스스로를 되돌아본다. 남의 도움만 받으면서 살아온 지난날. 영광스럽고 자랑스러웠던 순간보다도 아쉬웠던 시간들이 떠오른다.

상쾌한 가을 날씨처럼 마음이 가벼울 때면 아름다운 생각들이 머리를 스친다. 팽개쳐 두었던 문장도 단어도 어느 순간에 스치고 지나간다. 짜릿한 그 순간을 놓칠세라 얼른 수첩을 꺼내어 길가나 공원 벤치에 걸터앉아 메모도 한다.

즐겨 찾는 관악 서울대 캠퍼스 옆 산언저리에서 보는 사계절의 변화도 멋있다. 계곡엔 물이 흐르고 물웅덩이도 있어서 좋다. 송사리, 피라미 떼가 노는 차가운 물속에 잠시 손을 담그면 어릴 적 생각이 절로 난다.

양재천의 가을 정취도 참 좋다. 느티나무, 벚나무, 은행나무 밑에는 낙엽이 쌓인다. 코스모스, 들국화, 구절초, 이름 모를 야생화들이 가을바람에 춤추고 있다. 어른 키를 훨씬 넘는 억새풀, 징검다리 냇물, 노니는 물고기 떼, 냇물 위로 떨어지는 수양버들 낙엽이 계절의 정취를 물씬 풍겨준다. 손바닥만한 벼논에는 일찌감치 추수가 끝났는데 흩어진 벼 이삭을 주워 먹느라 참새

들이 몰려온다.

벚나무 아래 쉼터 의자에 걸터앉는다. 피로한 다리를 길게 뻗고 의자에 비스듬히 기대어서 가을하늘을 쳐다본다. 어릴 적 친구 몇이서 서울 근교 산들을 즐겁게 오르내리던 그때가 생각난다. 그때만 해도 산을 오르는 즐거움을, 건강한 신체의 고마움을 그렇게는 몰랐다. 사람들이 물과 공기의 고마움을 모르고 살아가듯이.

걸을 수 있고 가고 싶은 곳에 갈 수 있다는 사실 그 자체가 얼마나 큰 복인지 잘 몰랐다. 우리들 주변의 대·소 병원이나 요양소, 복지시설들을 보라. 몸이 불편하여 거동이 자유스럽지 못한 사람들이 얼마나 많은가.

오래전 일이었다. 출장을 다녀오던 길에 음성의 '꽃마을'을 잠깐 들렀던 적이 있었다. 약 30여 년 전, 병들고 몸이 불편했던 걸인 최귀동(베드로) 할아버지와 오웅진(吳雄鎭) 신부의 만남으로 시작된 '꽃동네 마을' 이야기를 자세히 알게 된 기회가 있었다. 성지로 지정된 그곳 화단, 큰 돌에 새겨진 글귀, '얻어먹을 수 있는 힘만 있어도 그것은 주님의 은총입니다'라는 말씀에 가슴 뭉클한 적이 있었다.

그래, 걸을 수 있다는 것만으로도 복(福) 받은 삶이라는 그 뜻이 나의 뇌리에서 사라지지 않았다. 그 옛날에 비해서야 먹고 살기 좋은 세상이 되었다고 말들을 한다. 하지만 TV를 통해서 세상을 볼 때마다 병들고 아픈 몸, 죽어가는 사람들, 내 이웃들이 얼마나 많은가. 나보다 더 불편하고 더 늙고 더 병들고 한 점의 혈육조차 없는 사람들이다. 같이 울고 아파할 용기가 없었으니. 그들을 위해서 무엇을 했는가.

어느 날이었다. 내가 사는 아파트단지의 메타세쿼이아 오솔길에서였다. 머리가 새하얀 할아버지가 거동이 불편한 아내로 보이는 할머니의 손을 잡고 아기걸음 걷듯이 한 발짝씩 걸음을 걷는다. 나도 몰래 숙연함을 느꼈다.

사람이란 역시 자기중심적인 존재란 걸 느낀다. 주위를 둘러봐도 몸과 다리가 불편하여 걷지 못하는 사람들이 왜 그렇게도 많은지. 아프고 불편해 보고서야 비로소 남의 어려움이 눈에 들어온다. 평소에 건강을 챙기지 못한 것을 후회한들 무슨 소용이 있겠는가. 여태까지 축복받고 살았으면 됐지, 뭘 더 바라겠소.

(2008)

K군과의 약속

해외여행을 가거나 국내여행이라도 갈 때마다 나는 몇 년 전에 세상을 떠난 친구 K군을 항상 떠올린다. 고교 동창에다 같은 직장에서 오랫동안 한솥밥을 먹었던 보통 인연이 아닌 친구다.

60년대 말경 지방자치단체 일선에서 근무하던 그는 중앙의 ○○부로 옮겨갔다. 그 몇 년 후에는 나 또한 전출을 오게 되어 같은 사무실에서 책상을 맞대고 일 하는 처지가 되었다.

유신 초창기. 비상회의다 관계부처회의다 하면서 밤낮없이 바빴고 각종 계획이며 실천방안을 작성하고 지시하는 것이 우리 몫이었다. 토, 일요일도 없이 야근을 밥 먹듯이 밤을 낮 삼아 일하느라 정신없이 쫓기던 시절이었다. 어쩌다가 정상적인 퇴근을 하는 날은 가뭄에 콩 나듯 했으니.

퇴근길에 가끔 두 사람은 소주잔을 기울이기도 했다. 술김에 상사를 안주 삼아 지독한 사람이라고 주거니 받거니 하면서 술에 취한다. 지금의 고비를 잘 견디자, 언젠가는 좋은 날이 반드시 올 것이다. 언젠가 우리가 퇴직할 때엔 자네와 나 배낭을 메고서 어디든 떠나자고. 전국 구석구석 아니, 국내든 국외든 떠나자고 서로는 푸념처럼 되풀이했다.

그와 내가 같은 직장 같은 사무실에서 책상을 마주하고 살아가는 것이 결코 보통 인연이 아니다. 지금 살고 있는 동네마저 이 넓은 서울바닥에서 우연히도 이웃해 서로는 의지가 되었다.

세월이 지나, 내가 K도의 S군수로 먼저 발령을 받았다. 얼마 지나지 않아 그 역시 나의 임지와 그렇게 멀지 않은 H군수로 발령을 받았다. 예부터 물 좋고 인심 좋기로 소문난 순박한 산골이었다. 농촌에서 태어난 그는 고향처럼 생각하고 정열을 다해서 열심히 일 할 수 있는 좋은 여건의 고장이었다.

그 뒤에 다른 농촌지역을 몇 군데를 이동하면서 순탄하게 군수로서 80년대 중반까지 순조롭게 지냈다. 그랬던 그가 투서와 모략을 받기 시작했다. 올곧은 성격 때문인지 모함을 잘 받았다. 옛 아전격인 토착인의 텃세와 그들의 파벌 싸움 때문이다. 그 시절만 해도 새로이 기관장이 부임해 오면 그를 둘러싸고 편 가르기를 시도하는 나쁜 사람들이 있었다. 우물 안 개구리와 같은 작태였다.

새로 부임한 군수는 모 정치인의 하수인이라니, 특정 업자에게 공사를 몰아준다느니, 불미스러운 금품이 오갔다느니 하는 거짓 투서들에 시달렸다. 그 시절만 하더라도 기관장을 끼고 돌아 온갖 이권을 노리는 저질 토착인, 유지 행세하던 사람들이 있었다.

또 어느 해였던가. 대단위 개발 사업에 많은 농토가 편입된 지주들의 집단 항의 시위가 폭력화된 일이 있었다. 관청 사무실이 난장판이 되고 고속도로까지 점거 당하여 교통이 마비된 격렬한 집단사태가 일어났다. 민주화 바람을 타면서 정당한 권리 주장과 아울러 국민의무도 병행되어야 하는 것, 일선 행정은 그만큼 힘이 들었다.

중앙 정책과 일선 집행기관 간에는 괴리가 심하다. 토지 보상가격, 주민 이주대책, 생계대책 등 어려운 난제들이 한 둘이 아니다. 정책수립은 중앙의 몫이고 그 집행은 일선 몫이었다. 말단 책임자에겐 정책 변경의 권한이 없었다. 말썽의 소지는 언제나 정책부문에서 있었지, 일선에는 권한도 없었다. 일선기관은 말 못하는 희생양이 될 때가 더러 있었다.

그는 사직서를 준비한 후 마지막으로 나에게 전화했다. 나는 그를 몹시 나무랐다.

"가난한 농촌에서 태어나 그들을 위해서 한평생 바치겠다던 젊은 날의 네 꿈을 버리려는가."

"밤에 스팀도 들어오지 않는 사무실에서 차가운 빵 한 조각으로 저녁을 대신하고 허기를 달래던 그때를 잊었는가."

"지난날, 새마을 사업을 하면서 얼마나 혼신의 노력을 다 했는가? 그렇게 심약해선 안 된다."

권력과 이름을 팔고 다니며 기관장을 괴롭히고 이권을 탐하던 몇몇 지역 토박이들 때문이었다. 정의감 있고 인정 많은 지휘관인데 그를 돕지는 못할망정 나무 위에 올려놓고 마구 흔들어대다니….

종합행정 일선 기관장은 모략과 외압에 시달리고 상처 받기 쉬운 자리였다. 억울하고 분한 마음 한량없지만, 그럴수록 냉철해야 된다고 사필귀정으로 풀릴 것이라고, 인내심을 갖고서 조금만 기다리라고 했다.

그와 나의 전화는 밤늦도록 계속 되었다. 훗날에 되돌아보면 지금의 쓰라린 경험들이 큰 교훈이 될 것이라고. 언젠간 두 사람 모두 쓸모없어서 집으로 돌아가는 날, 그때는 우리 모두 훨훨 털어버리고, 여행을 가자고 얘기하던 그날의 언약을 벌써 잊었는가라고. 나의 계속되는 설득에 그는 동의했다.

마음의 안정을 찾을 겸 단기간의 교육파견을 마치자 대기발령의 불이익이 그를 또 기다리고 있었다. 불이익의 연속이었다. 의기소침해 하는 듯했지만 건강하게 잘 지냈다. 그 무렵에 내가 퇴직을 했다. 그 후, 그도 고향 땅 군수를 끝으로 퇴직을 했다.

지난날의 약속을 지켜야지. 숨 막히는 질곡에서 헤어났으니 이제 어디론가 떠나야 하지 않겠나. 가벼운 배낭을 메고 산천유람을 떠나자. 두 사람은 자주 만났고 또한 각자 아이들의 혼사문제며 집안일을 위해서 바쁜 나날들을 보내고 있었다.

그랬는데, 밤새 날아든 비보(悲報)가 믿기지 않았다. 건강이 좋지 않다고 했지만 그렇게 쉽게 갈 줄은 정말 몰랐다. 아까운 친구야! 나와의 약속은 어이하고 어디로 갔나.

(2006)

장 날

오월의 신록에 눈이 부셨다. 봄내음을 맡으며 바람을 쏘이려 L군, Y군과 함께 동해안으로 향했다. 원주(原州)를 지나 한참을 달리다가 Y군의 제안으로 정선(旌善)으로 빠졌다. 가는 날이 장날이라더니. 오가는 차량들 길 따라 걸어가는 장꾼들을 보아서도 장날임이 분명했다.

그리 넓지 않은 장터에 장옥이 차지한 곳 외에는 넓지 않다. 좌판과 난전이 큰길가로 뻗어간다. 좌판을 차지한 연세 많은 할머니는 하얀 천으로, 천막 조각으로 차양을 만들고 그 옆에 검정 우산을 세워서 내리쬐는 햇볕을 가리고 앉았다. 널따란 비닐로 주위를 아늑하게 감싸고 자리 잡은 솜씨가 참 좋다. 보따리 행렬이 골목길로 나온다. 골목길도 모자라서 차도에 까지 이른다. 해가 중천에 이르렀으니 오일장은 한창 시끄럽고 어수선하다.

무엇인지 손에 들고 큰소리로 외쳐대는 장사꾼, 여기저기 지르는 시끄러운 소리가 장마당 분위기를 들뜨게 한다. 머리에 하얀 수건을 덮어쓴 까만 주름진 얼굴들은 가난 속에서 긴 세월 흙과 더불어 살아온 우리들의 어머니, 고모 같은 눈에 익은 모습들이다. 뒷산에서 캐온 쑥, 냉이, 달래, 도라지며 밭에서 농사지은 검정콩, 참깨, 메밀들이 함지박에 가득히 새 주인을 기다리고 있다.

간고등어, 동태, 문어 등 어물전이 있고, 북어 같은 건어물들도 쌓여 있다. 한 쪽 켠에는 더 주거니 못 주거니 흥정이 한창이다. 백발의 할아버지는 오가피, 상황버섯, 헛개나무, 오미자, 구기자 갖가지 약초들을 앞에 놓고 손님에게 설명이 한창이다. 없는 것 빼고 다 있는 시골장터다.

물건을 교환하고 사고파는 곳만이 아니었다. 어렵사리 살아가는 서민들의 만남의 장소요, 삶의 기쁨과 웃음이 교차되고 슬프고 아픈 소식까지 전해지던 사랑방과 같았다. 그 옛날 고을 원님께 억울함을 호소하던 방문도 써 붙이던 언로의 장이기도 했으니. 산 너머 마을 소식도 사돈댁 소식까지 장터에서 먼저 듣는다.

장날에는 나들이옷으로 갈아입고 반가운 사람을 만나러 가는 날이다. 장터에서 만나서 혼사까지 결정하고 사돈까지 맺게 되는 경사스러운 일이 시작되기도, 또 시집간 딸년의 소식도 듣고 또 다른 사돈도 만나게 된다. 딸은 잘 살고 있는지, 농사일에 몸이나 상치 않았는지, 친정 어미의 속마음을 전해줄 살가운 심부름꾼 아낙도 만난다.

바깥사돈끼리 만났으니 어찌 술 한 잔이 없을 것인가. 장터 안 주막은 또 하나의 사랑방이다. 사돈어른을 오랜만에 뵈었으니 또 옛 초등학교 친구도 오랜만에 만났으니 어찌 반가운 술 한 잔이 없을쏘냐. 그들은 대대로 살아온 토박이들이요 지킴이들이다. 격의 없는 얘기가 오간다. 추곡수매, 비료구입, 영농자금 융자 등 얘기도 빠지지 않는다. 술이 거나해지자 농정에 대한 쓴 소리도 싸움질만 하는 정치 이야기도. 민초들의 애환이 그렇게 쏟아져도 속 시원한 소리 한 번 들려주지 않는다고 불평한다.

바다로 향하다가 정선(旌善) 땅에 닿으니 이효석의 「메밀꽃 필 무렵」이 떠올랐다. 장꾼들의 낭만 '조선달'도 '허생원'도 젊은 '동이'녀석도 정선장이 파하면 주막집 국밥에다 막걸리를 걸치고 허기진 배를 채웠지. 봉평, 평창, 봉화, 정선 장터를 돌아다니던 장돌뱅이들. 순수한 그 모습이 마음에 젖어든다.

서로를 추스르고 다독이면서 내일의 장터로 향해가는 그들. 휘영청 달빛 아래 나귀의 방울소리 앞세우고 싸늘한 밤바람을 마시며 산을 넘고 물을 건너 걸어갔던 그들. 때로는 어두운 밤길을 더듬거리며 밤을 낮 삼아 먼 길을 다녔다. 한잔 술에 취하고 또 젊은 날의 추억에 취하여 인생의 애환을 달래며 살아가던 이 땅의 멋진 보헤미안(bohemian)들. 인간적인 내면의 모습을 그려낸 그 얘기에 나는 매료되었었다. 일행 세 사람은 그들의 흔적을 더듬어 주막에 들렀다.

어릴 적 내 고향에도 오일장이 섰다. 인근 농촌과 어촌에서 장꾼들이 모여들고 농, 수산물이 풍부했다. 장작 실은 소달구지, 땔감을 진 지게꾼이 길가에 행렬을 이룬다. 길가 난전에는 화장품을 비롯한 잡화들로 가득하다. 원숭이 재롱을 앞세우고 마술로 장꾼들의 넋을 빼는 만병통치 약장수 등등 재미가 넘치는 오일장날이었다.

그 옛날에 읍내 장터는 흰 옷 입은 장꾼들이 태극기를 손에 들고 기미독립 만세를 외쳤던 그날의 장터다. 역사를 좀 더 거슬러 올라가면, 임진왜란 때 부산포에 상륙한 왜장 '고니시유키나가(小西行長)'의 북상 길목을 막다가 순절하신 동래부사(府使) 송상현(宋象賢) 공의 동헌이 가까이에 있던 장소다.

우리 집 가까이에는 소전(牛市場)이 있었다. 소 팔러 온 촌로들과 값을 흥정하는 광경을 보게 된다. 촌로인 소 주인은 값을 후려치고 흥정을 붙이는 술 취한 젊은 거간꾼의 횡포에 망설이다가 결국에는 그의 농간에 소를 팔고 억울해 하면서 연신 막걸리만 들이키던 광경을 보면서, 어린 나도 분개해 했던 기억이 난다.

옛것은 자꾸만 훼손되고 사라져가고 있다. 그것을 살리려고 지역마다 향토문화제니 무슨 축제니 재래시장 활성화 이벤트니 온갖 노력들을 경주하고 있다. 하지만 도시화다 경제성 제고다 하는 명분하에 유·무형의 유산들이 사라져가는 것이 안타깝다.

어느 날 갑자기 옛 장터마당에 첨단의 백화점이, 매머드 고층 빌딩이 들어선다. 지난날 수많은 장꾼들의 숨결이 느껴지는 삶의 터였는데 너무나 쉽게 도시화와 경제성 명분하에 그것이 사라지다니.

인간은 갈수록 물질의 풍요 속에서 정신적 고독을 느끼며 살아가고 있다. 지방 행정은 가시적 개발이익의 창출보다도 사라져가는 유 무형의 유산을 보존하고 살리는데 힘을 쏟아야 한다. 훗날에 후회하지 않기 위해서.

가난하지만 자연에 순응하며 살다간 발자취를 더듬어 보면서 조상들이 얼마나 자연친화적인 삶을 살았는지 다시 한 번 느끼게 되었다. (2004)

손자와의 외출

얼마 전에 두 아이 엄마인 딸의 부탁을 받았다. 올해 초등학교 1학년인 외손주 녀석에게 지금 살고 있는 아파트 단지보다 환경과 여건이 시세 말로 후진 곳 몇 군데를 구경시켜 줬으면 하고 부탁을 한다. 철없는 어린것이라도 제 눈으로 직접 보고 느끼며 체험해 보는 것이 여러모로 산교육이 되지 않을까 하는 생각에서다.

좋은 생각이었다. 겨울방학이 되자 따뜻한 날을 골라서 녀석을 데리고 집을 나섰다. 지하철과 마을버스를 갈아타면서 무턱대고 가다보니, 동대문 부근이었다. 주변 길가에는 잡상인들이 진을 치고 앉았다. 온갖 장난감, 액세서리, 포장마차의 먹을거리 등 녀석이 처음 보는 신기한 것들이 많다. 헌데 대뜸 "할아버지, 집에 갈 때 기념품을 사 가야 하는데…. 기념품 사주세요"라고 말했다. "그래, 집에 갈 때 할아버지가 꼭 사주마." 약속했다.

구경하려던 골목길을 걷기 시작했다. 어느 대학병원 뒤쪽 약간 높은 지대였다. 옛날 낙산 꼭대기 판자촌 마을과 연결되는 곳이었다. 녀석에게는 길가에서 보이는 것 모두가 신기했다. 골목길을 오가는 사람들, 리어카에 짐을 싣고 힘겹게 밀고 가는 사람들, 자전거에 짐을 싣고 가는 사람들, 모두가 그에게는 구경거리였다.

언덕으로 오르는 좁은 골목길 어느 집 앞이었다. 골목길에서 어느 집 지하층 안방이 얼핏 보이니 그는 몹시 궁금해 한다. 고개를 갸우뚱하며 유심히 들여다보다가 집 주인의 시선과 마주치지 않으려고 재빨리 제 시선을 다른 곳으로 돌린다. 어린 마음에도 남의 집 안방을 엿보는 것이 미안한 마음이 들었던 것이다. 또 골목을 지나는 어느 집, 녹이 슬고 다 부서진 철제 대문도 신기한지 자꾸만 뒤돌아본다. 골목길에 널브러져 쌓여있는 연탄재도 쓰레기도 유심히 쳐다본다. 그가 아파트에서 태어나서 그곳에서 유치원을 다녔고 그 인근 초등학교에 들어갔으니 그저 자기가 살고 있는 그곳처럼 다른 사람들도 살고 있는 줄 생각할 수밖에.

오르막이다. 울퉁불퉁한 골목길을 생각보다 잘도 오른다. 태권도장에 다니는 덕택인가 생각된다. 주위에 보이는 것이 모두가 처음 보는 것인데도 열심히 살피지만 말 한마디 없이 걷다가

느닷없이, "할아버지, 미로(迷路) 같아요." 나는 깜짝 놀랐다.

상상치도 못한 모습에 어린것이 충격을 받았다. 도대체 어디서 그런 어려운 낱말을 배웠을까.

아마도 그것은 유아시절부터 맘껏 그림을 낙서하며 놀았고 스케치북과 크레파스를 항상 갖고 놀면서 들은 말이다. 주사위놀이도, 그림도 직접 그리면서 아무나 붙잡고 놀이를 하자더니. 여기는 "미로야, 미로로 빠진단 말이야." 하면서 혼자 중얼거리고 놀던 그때 생각이 떠오른다. 그 말을 여기에 쓰다니….

소위, 후진 동네의 아랫동네에서 윗동네 고지대로 오르는 그 산비탈의 생활하는 모습들을 보면서, 제가 여태껏 살아온 환경과는 너무나 다른, 낯선 마을을 보고서 그는 무엇을 생각할까.

그의 반응을 떠보았다.

"높은 곳이라서 오르는데 힘이 좀 들지만, 살기엔 괜찮은 동네지?" 하고 내가 물었다.

"할아버지, 나는 싫어요. 우리 동네와 너무 달라요. 길도 울퉁불퉁하고 좁고 미로 같아요. 난 싫어요. 할아버지는 좋으면 여기서 사세요."라고 퉁명스럽게 대꾸한다.

모든 것이 신기한 듯 두리번거리기만 할 뿐 말 한마디 않더니, 그제서야 제 생각을 쏟아 놓는다. 어린애로만 생각했는데, 나는 놀랐다.

낙산 꼭대기에 올랐다. 대학을 졸업한 지 40여 년이 지나서 손자의 손을 잡고 대학 뒷산에 서서 바라다보다니. 서울 시내를 내려다보는 경치를 녀석도 좋아라 한다. 멀리 보이는 남산타워, 창경원 녹지대, 대학병원과 옛 대학본부가 있던 곳이 지척이다. 낙산 아래, 동숭동 쪽으로 잘 정비된 공원과 건물들이 보기 좋게 서 있다.

그런데 낙산 서쪽 지대는 옛 모습 그대로 남아있는 것 같았다. 미완(未完)의 지대로 남아 있는 것 같다. 조개껍질이나 벌집 같은, 작고 낡은 시멘트 오막살이가 촘촘히 박혀있다. 어렵게 살아가는 사람들이다. 그는 신기하여 자꾸만 남의 집안을 기웃거린다. 햇빛이 잘 들지 않는 쪼끄마한 시멘트 블록 집에서 사람이 살고 있으니. 신기한 모양이다.

그런데 언제 보았던지 가파른 시멘트 계단마다 그려진 예쁜 꽃 그림을 발견하고는 반가워한다. 재빠르게 돌계단 쪽으로 올라간다. 학교에선지 잡지에선지 시멘트 계단에 꽃 그림을 그린 것을 보았던 모양이다.

한꺼번에 너무 많은 것을 보았을까. 예상외로 걸음을 잘 걷고 호기심도 많았다. 동대문 근처로 다시 내려와서 길가에서 호박엿도 사먹고 길바닥 난전에서 파는 상품들도 구경했다. 녀석에게는 신기한 것이 너무 많다. 저만치 걸어가다가 혼자 되돌아가서 다시 한 번 그것을 들여다보고 온다.

녀석의 체력은 생각보다 강했다. 내친 김에 몇 군데를 더 가기로 했다. 종로(鍾路)거리 뒷골목, 옛 골목길도 집도 구경한다. 시끄럽고 더러운 곳이라 한다. 파고다 공원에 들렀다. 할애비의 이야기를 알기엔 너무 어리다. 그가 오직 관심을 둔 것은 '솔방울', 공원 뜰 소나무에서 떨어진 솔방울이었다. 두 개를 주워 신기하게 들여다보더니 제 호주머니에 집어넣는다.

택시를 타고 남대문 시장으로 갔다. 백화점, 슈퍼마켓, 아파트 상가만 구경한 녀석에게 처음 보는 재래시장은 정신이 없었을 것이다. 수많은 사람들의 행렬, 무질서, 혼잡, 시끄러운 소리, 고래고래 소리 지르는 호객행위 등등 정신없을 터인데 아무런 말도 하지 않는다. 모든 것이 신기했을 터인데도.

촘촘히 붙어있는 어느 액세서리 가게 앞에 이르자, 그는 선물을 고르자고 말한다.

오전에 녀석과 함께 동대문 전철역에서 큰길가에 나왔을 때, 길가에 어지러이 놓인 노점상 물건을 보고 한 약속을 잊지 않았던 것이다.

"그래, 네가 좋은 것 골라라."고 말하자, 이것저것 만지더니 쪼끄만 인형 두 개를 고른다. 제 여동생 것을 꼭 챙긴다. 기특하다. 제 아빠 엄마를 따라서 외국이나 국내 어디든 여행을 할 때, 가족들 선물을 골라 사는 모습을 보고 자랐기 때문이다. 모든 것은 부모의 뒤에서 배운다는 말이 그런 것 같다.

요즈음처럼 모자람이 없는 풍부한 환경 속에서 아이들에게 올바른 인성이며 가정교육을 올바르게 시키기가 참으로 어렵다. 미래를 생각하는 젊은 엄마들의 고뇌가 크다. 옛날 가난하던 시대의 어머니들보다 더 어려운 난제에 부딪치고 있는 것 같다. 시대는 자꾸만 변해 간다지만, 어린 시절의 현장 체험과 신뢰는 그의 인생관에도 큰 영향을 미친다고 생각된다. 그러기에, 또래 아이들과의 집단 교육 현장체험은 매우 유익한 교육이라 생각된다.

애미의 생각은 참으로 좋았다. 제 자식이나 남의 자식이나 과잉보호 속에서 자라고 있으니 아쉽고 부족하고 그리운 게 없어 세상 물정을 너무 모른다. 돌부리에 넘어지고 엎어지고 다시 일어서서 걸어가는 그런 체험들이 필요하다. 나이가 어리다 하지만 그 나이에도 알만한 것은 알아야 한다. '초년 고생은 금을 주고 산다'는 옛 말이 되새겨진다.

(2007)

우울한 여행

퇴직을 한 이듬해였다. 겨울 추위가 아직도 남았던 2월 하순경이다. 미국 서부지역 관광을 겸해서 아이 둘이 있는 '샌프란시스코'에 들렀다. 낯선 이국땅에서 학교에 다니느라 애쓰는 아이들을 바라보니 애처로운 생각이 든다.

현지시간 새벽 3시, 심야에 떠나는 서울행 비행기는 기상이 좋지 않은지 몹시 요동친다. 칠흑 같은 어두움을 뚫고 밤하늘로 솟구치는 비행기, 3등석 좁은 의자에 웅크리고 앉은 내 모습을 상상해 본다. 졸아들고 초라해진 나를 본다. 출국 때문에 번잡하고 부산해서 피곤하고 잠이 오련만, 남겨두고 오는 딸아이 생각에 잠이 오지 않는다.

3년 전, 작은딸아이가 고등학교를 졸업하고 대학입시에 실패한 후, 풀이 죽은 모습으로 일가친척 하나 없던 미국으로 친구를 따라 갔다. 마침 친구네 가족들은 이민을 간 직후였다. 외국이라고는 가본 적이 없는 딸아이가 얼마나 불안하고 초조감에 떨었을까. 외로워 마음 아팠을까. 열등감에 사로잡혀 남몰래 또 눈물은 얼마나 많이 흘렸을까. 자존심도 감수성도 강한 그 아이가 말이다. 다른 나라에서 온 외국 아이들과 함께 기숙사생활을 하려니 또 얼마나 마음 끓였을까. 헤어지면서도 결코 내색하지 않았다. 비행기에 앉은 애비는 회한에 젖어 잠이 오지 않는다.

새벽같이 학교에 가기 위해 고속도로를 오랜 시간 차로 달려야 하고, 저녁이면 파김치가 되다시피 돌아왔을 것이다. 언어는 아직도 미숙할 것이고, 밤 새워 리포트며 작품 제작에 힘든 학과에 속도 많이 끓였을 것이다. 왜 진작에 몰랐던가. 그렇게 고생할 줄을. 아이를 보내 놓고 밤낮으로 가슴만 졸였으니.

무식(?)했던 부모는 한결같은 목소리로 환경에 적응하면서 열심히 공부만 하라고 말했던 무지한 사람이었으니. 보다 적합한 방법들을 연구검토 했더라면, 전공도 학교도 보다 치밀하게 하였더라면, 무식한 부모라고 해도 할말이 없다. 나의 잘못이었다.

아이들은 알뜰하고 부지런하게 흐트러짐도 없이 잘 버텨주고 있었다. 캠퍼스에서 만난 다른 유학생들도 열심히 공부하고 건실한 생활을 하고 있었다. 대견스러웠다. 흔히, 비난의 소리가 들리는 것은 극소수 유학생들의 잘못이었지, 모두들 열심히 학업에 정진하는 것 같았다.

유학생들이 선진 학문과 기술을 배워서 자신과 조국의 앞날을 위해서 다른 나라 학생들과 경쟁하며 공부하고 있는 모습은 참으로 보기 좋았다. 외국의 젊은이들과 선의의 경쟁을 하면서 자기의 목적을 달성하기 바라는 마음, 그러나 적성과 능력에 알맞는 선택에 신중을 기해야만 할 것이다. 딸애의 고생하는 모습을 보고나니 하루 빨리 학업을 마치고 돌아오기를 바랄 뿐이다. 외국에서 공부한다는 것이 매우 힘들고 어려운 과제다. 심사숙고해야 할 일이다.

기내는 모두들 잠에 빠졌다. 열흘쯤 이곳 시간에 적응된 탓인지, 아직도 풀리지 않는 회한 때문인지 잠이 오질 않는다. 비행기는 알라스카를 지나서 캄차카 반도를 옆으로 일본 열도를 지나고 있다.

모처럼의 해외여행은 뜬눈으로 밤을 새운 우울한 여행이 되었다.

(2004)

메밀꽃 축제

인생은 짧고 예술은 길다 한다. 아름다운 작품들이 사람들의 마음에 향기로 남아있는 것은 얼마나 반갑고 흐뭇한 일인가. 대학에 들어간 후에 처음으로 이효석(李孝石)의 단편 「메밀꽃 필 무렵」을 읽었다. 중년에 이르러서 이곳저곳으로 근무지를 옮겨 다니다가 어디서던가 들판에 핀 하얀 메밀밭을 발견하고는 무척 반가웠던 기억, 그때마다 이효석의 단편을 떠올리곤 했다.

어느 날 TV 보도에서, 향토 내음 짙은 강원도 평창 '봉평'에서 '메밀꽃 축제'가 열린다는 소식을 들었다. 하얀 메밀꽃이 한창 핀 넓은 들판, TV 화면 가득히 스쳤다. 근년에 들어서는 각 지방마다 자기 고장의 전통과 민속들을 소개하고 아울러 지역 특산물을 선전 판매하여 주민소득 향상에 도움 되도록 온갖 잔치들을 벌인다.

평창이 낳은 훌륭한 문인(文人)을 기리고 메밀꽃 피는 계절에 내 고장을 자랑하는 잔치와 축제는 매우 뜻있는 행사라 하겠다. 나는 다른 일 제쳐두고 그곳으로 향했다. 오래전에 강원도 출장길에 가끔 들르던 고장이지만, 오랜만에 둘러보니 지역개발이니 도시화니 하면서 무분별하고 무절제한 변화의 바람이 거세게 불고 있었다.

봉평면 창동리, 남안동의 모습은 너무 많이 변했다. 정겹던 초가지붕은 어디로 갔는지. 낮은 산언덕도 몰라보게 변했다. 여기 저기 펜션 몇 채가 밭가엔 음식점 몇 곳이 발견된다. 안타까운 생각이 든다.

'산허리는 온통 메밀밭이어서 피기 시작한 꽃이 소금을 뿌린 듯이, 흐뭇한 달빛에 숨이 막힐 지경이다…' 너무나 환상적인 한 편의 시였다.

자꾸만 줄어드는 메밀밭, 지도의 손길도 점점 어려워진다. 물레방아 돌아가던 옛 메밀밭 사잇길, 냇가의 징검다리도 보았지만 가끔 들르던 그때의 모습은 찾기 어렵다.

그의 생가는 길게 깔린 메밀밭 한쪽 모서리에 있었다. 얕은 산자락 아래에 외롭게 홀로 선 생가, 녹슨 양철지붕을 기와지붕으로 바꾼 것 이외에는 옛 그대로라 한다. 그가 어린 시절을 보낸 곳이다. 마당에 들어서니 왠지 쓸쓸한 기운이 감돈다. 마을에서 다소 떨어져 있는 그의 집. 동네 아이들과 어울려서 뒷동산으로 머루, 다래 따러 메밀밭 언저리며 들길을 쏘다니며 시골의 정취에 얼마나 젖어 살았을까. 오히려 외톨이가 되지 않았을까.

오래전에 읽은 어떤 자료에는, 다섯 살 무렵에 그는 어머니를 여의었다. 육친의 그리움과 외로움에 눈물 훔치며 어린 시절을 보냈을 것이다. 계모와의 사이가 돈독하지 못했기에 그의 아버지는 어린 그를 집에서 40여 킬로나 떨어진 읍내, '평창공립 보통학교'에 보내어 6년간이나 하숙을 시켰다 한다. 철이 들기도 전에 어머니를 잃고 부친으로부터 격리되어 어린 시절을 외롭게 보내야만 했다니. 그의 성격형성에, 인생관에 문학관에 커다란 영향을 주었을 것이다.

소설 속, '허 생원과 조 선달'이 난전을 벌였을 옛 정취야 있을 리 없지마는 장터를 둘러본다. 좁다랗게 남은 장마당에는 포장마차가 자리하고 있다. 난전의 물건들이래야 예나 지금이나 농촌에서 필요한 것들이다. 한 아름 산채를 앞에 놓고 앉아있는 아낙네들, 이름 모를 약초들, 올챙이국수를 말아먹는 사람들, 메밀전병에 막걸리를 걸치는 사람들.

전에 볼 수 없었던 '이효석문학관'이 건립되어 있었다. 하얀 메밀밭을 굽어보는 얕은 산 정수리에 덩그러니 섰다. 온갖 자료들이 망라되어 있다. 가계와 족보, 보통학교, 경성 제일고보 시절, 경성제대 영문과를 졸업하기까지의 모든 기록들을 자세히 볼 수 있었다. 작품 활동을 하던 시절의 육필 원고, 문인들과 주고받은 서신들, 신문연재 소설을 비롯하여 시집 단편집, 그리고 평소 사용하던 서재의 책상과 문구까지 전시되어 있었다.

전시 자료를 자세히 관찰했다. 그에게 고향은 외로움과 슬픔의 흔적뿐인 것 같았다. 어릴 적에 어머니를 여읜 슬픔, 생모에 대한 그리움, 계모와의 원만하지 못했던 세월을, 보통학교 시절부터 온통 집 떠나서 홀로 하숙생활을 한 것 등등. 서울에서 고보 시절, 대학 시절, 서울과 평양(平壤)에서의 교편생활과 전문대학 교수생활, 그리고 문단활동까지.

마음 저변엔 고독과 그리움과 향수, 비애와 슬픔이 있었다. 장돌뱅이의 삶을 통해서 인간 본래의 모습을 그리워한 것이다. 서른여섯이란 짧은 생을 살다 갔지만, 그의 훌륭한 문학작품은 오래도록 향기를 간직하고 빛을 발하고 있다. 그가 세상을 떠난 지가 60여 년이고, 내년이면 그의 탄생 백주년이 되는 해다. 훌륭한 문학작품은 오래도록 남는다.

(2006)

은빛 물고기

격무에 시달리고 있을 때다. 정신 피로를 풀기에는 낚시만큼 좋은 운동이 없다면서 어떤 지인이 낚시 도구 한 세트를 선물로 보내왔다. 그런데 진작에 쓰지 않을 것 같았으면 친구나 누구에게 줄 것이지 가지고만 있었다니. 뒤늦게 핀잔을 들을 만했다.

호숫가나 바닷가에 앉아서 조용히 생각에 잠긴 듯한 낚시꾼의 멋을 누려보고 싶었지만 마음의 여유도 한가로운 시간도 누리지 못하고 세월만 그렇게 흘러갔다. 여유로운 사람들이 누리는 놀음쯤으로 여긴 선입견도 있었지만, 비록 미물일지라도 총을 쏘아 짐승을 잡고, 낚싯바늘로 아가미를 찌르고 죽이는 것이 마음 내키지 않았다.

어릴 때는 여름방학이면 온종일을 물가에서 살았다. 긴 대나무 끝에다 낚싯줄을 매달아 낚시 시늉이야 많이 해보았지. 소쿠리로 물고기를 쓸어다가 항아리에 넣어두고 들여다보던 어린 시절도 있었으니. 뿐인가, 매미, 잠자리, 풍뎅이, 여치 같은 곤충들을 그물망에 넣어서 앞마당 꽃밭이나 풀밭 이슬에 놓아두기도 했다. 그것도 모자라면 앉은뱅이 책상 서랍에다, 쓰지 않고 버려둔 어머니의 경대 서랍 속에다 넣어두기도 했다. 끝내 죽고 마는 것을.

어린아이의 짓이지만 정도가 심했던지 어른들의 꾸중이 대단했다. 끝내는 나를 앉혀놓고 무서운 얘기까지 들려주었다. 어느 날, 포교당에 다녀오신 외할머니와 어머니는 무서운 얘기를 꺼내셨다. 어떤 사나이가 엽총으로 짐승 사냥을 많이 했더니, 인과응보의 벌을 받은 무서운 얘기를 들려주면서 간곡히 말씀하셨다. 장차 너희 형제는 짐승 사냥은 절대로 하지마라. 악연을 짓지마라. 보복은 당대에 바로 자신에게 돌아온다는 무서운 실화를 들려 주셨다. 또한 물고기의 아가미를 바늘로 찌르고 숨통을 조이는 낚시질도 하지마라. 인간이 보기에는 한 마리의 곤충이든, 물고기든 하찮은 미물 같지만 살아있는 생명이란 모두가 신비하고 존귀한 것이라고 누누이 말했다.

또 어느 날은 냇가에서 물고기를 방생하는 장면을 보여 주었다. 많은 부녀자들이 물통에 준비해온 잉어, 가물치, 미꾸라지, 자라 등을 시냇물에 풀어 주었다. 그 많은 물고기들이 흐르는 냇물에 달아나는 모습이 너무나 보기 좋았다.

물고기에 얽힌 신기한 일이 있었다. 고향에는 옛날부터 흐르는 시냇물에 '용왕(龍王)을 먹인다'는 토속적인 기복신앙이 있었다. 한 해의 가내 무사태평을 빌고 운수 형통하기를 비는 풍속이다. 정월 초사흘 또는 정월 보름날에 여염집 아녀자들이 물가에 와서 용왕님께 고사를 지내는 것이다.

정월 보름달은 떴지만 밤길이 무서웠던 젊은 어머니는 어린 나를 데리고 밤길을 나섰다. 밤바람이 차가웠다. 보자기에 싸서 준비해간 조촐한 음식을 냇가 모래사장에 차려놓고 소지(燒紙)를 태우면서 두 손 빌며 가족들의 무사안위를 용왕님께 빌었다.

싸늘한 밤이지만 유유히 흐르는 냇물 위에는 쟁반 같은 보름달이 출렁거렸다. 사위는 조용한데 어느 순간, '푸드덕' 하면서 밤의 적막을 깨트리는 소리, 깜짝 놀라 뒷걸음칠 때 내 눈앞에 달빛에 비친 팔뚝만한 은빛 물고기가 물위로 뛰어 올랐다. 참으로 신기했다.

물고기에 얽힌 추억은 또 있다. 추석 명절이 되면 아버지는 두루마기에다 중절모를 쓰시고 내 손을 잡고 큰집으로 간다. 버드나무가 두 줄로 선 신작로를 걸어서 가다가 넓은 들판으로 꺾어 든다. 들판은 온통 누런빛으로 변하고 가을바람에 벼들이 서걱거린다. 들판 가장자리를 따라서 좁은 수로가 나 있다. 왜정 때 수리조합에서 만들었다는 수로다. 작은 시멘트다리도 통나무다리도 징검다리도 있다. 농사철이 지나서인지 얕은 물만 흐를

뿐이다. 그 옆으로 길게 논두렁길이 이어져 마을로 통한다.

오랜만에 고향 집에 들른 아버지는 야트막한 돌담 너머로 이웃사람들에게 인사하기 바쁘다. 아버지의 손을 잡고 이집 저집 친척집에 인사를 다닌다. 제사를 지낸 후에 사촌들을 따라서 구슬치기, 딱지놀이를 한바탕 하고 나면 감, 밤을 따러 뒷산으로 올라간다.

그 사이에 어른들은 명절 술에 거나하게 취한다. 가을 해가 일찍 저물어가니 읍내의 집으로 가야 하는데. 보통 때면 저녁밥을 일찍 드신 후에 아버지는 내 손을 잡고 집으로 향한다. 그런데 오늘은 술이 과하셨다. 술이 취한 아버지는 밤길을 기어이 가시겠다고. 어른들은 만류를 하지만 다음날의 약속 때문에 기어이 가야만 한다고 일어선다.

아버지의 발걸음은 휘청거렸다. 내 마음은 초조했다. 내 작은 손이 아버지의 큰 손을 움켜쥐고, 다른 쪽 손에는 큰어머니께서 싸주신 떡보자기가 들려있었다. 얼굴에 부딪히는 밤바람이 차가웠다. 아침에 오던 길을 되돌아가야 한다. 수로 옆 논두렁길을 따라서 나무다리도 징검다리 건너면서 되돌아가야 한다.

아버지의 걸음걸이는 느렸다. 걸음을 아무리 걸어도 발걸음은 자꾸만 제자리인 것 같았다. 무서움이 와락 났다. 울고 싶었다. 살며시 옆을 둘러보니 내 키만큼이나 큰 벼들이 나를 에워싸고 있지 않은가. 무서웠다. 보름달이 수로에 비치는지 않는지 주위가 깜깜하고 무서웠다.

그 순간, 어디선가 '쫄, 쫄, 쫄' 약한 물 흐르는 소리가 들렸다. 무서움 질린 나에게 너무나 반가운 소리였다. 그 순간, '푸드덕' 하는 소리와 함께 눈앞에서 무엇인가 뻔쩍했다. 무엇인가 튀어 오르는 것도 같았다. 달빛에 은빛색깔의 물체가 비쳤다. 완전히 공포에 질렸다. 쥐 죽은 듯 고요한 들판 논길 한가운데에서 어린것이 무서워서 얼마나 긴장했을까. 그것은 아마도, 얕은 수로를 따라 떠내려가던 작은 물고기 한 마리가 물꼬를 만나서 본능적으로 몸부림쳤던 게 아니었을까. 달빛에 반사된 은빛 물고기였다.

그것은 상(祥)스러운 꿈으로 오래도록 기억에 남아서, 좋은 일이나 축하 받을 일이 있을 때면 나는 은빛 물고기의 꿈을 곧잘 꾸곤 했다. 은빛 찬란한 물고기 그리고 누누이 말씀하시던 어른들을 생각하면서 그날 이후 나는 모든 것을 잊어버렸다.

그때만 하더라도 골프 같은 운동은 그렇게 널리 파급되지 않았던 시절이었다. 금렵기(禁獵期)가 해제되면 꿩 사냥이나 갯바위 낚시 한 번 같이 가자던 말이 인사처럼 유행했는데, 그때마다 나는 바쁘다는 핑계를 둘러대곤 했다.

지금 생각해보면 엽총사냥이야 그렇다지만, 낚시마저…. 며칠 전에 남쪽 섬 지방으로 바다낚시를 떠난 친구들의 노익장이 오히려 부럽다.

(2005)

뒷동산에 올라

시원한 바람이라도 맞을까 싶어 해질 무렵에 아파트 단지 뒷산에 올랐다. 길가 벤치에 잠시 앉아 땀을 닦는다. 이글거리는 숨막힐 듯한 콘크리트 숲, 빽빽이 틀어박힌 비둘기 집과 같은 공간, 아옹다옹 숨 막히듯 살아가는 우리네 모습. 이렇게 사는 것이 사람 사는 것인가.

어릴 적엔 고향집 뒷동산에 자주 올랐다. 사계절 내내 시원한 바람을 맞으러 오른다. 마음먹은 대로 공부가 되지 않거나 울화가 치밀 때에도 산으로 오른다. 읍내가 한눈에 들어오고 멀리까지 시야가 확 트인다. 시원스레 펼쳐진 넓은 들판, 그 한가운데로 큰 냇물이 흐른다. 들판 가장자리로 철길이 지나간다. 석양빛에 빤짝이며 흐르는 냇가에는 키다리 미루나무들이 줄지어 서 있고, 고기 잡는 동네 아이들의 떠들썩한 고함소리가 해 저무는 들판으로 퍼진다.

내가 나이 더 어렸을 적에 아버지는 내 손을 잡고 여름날 해질 무렵에 뒷동산으로 자주 올랐다. 들판 건너편 산 아래 마을에는 저녁연기가 피어오르고 누렇게 변해가는 들판에는 참새 쫓는 아이들의 깡통 두드리는 소리가 요란했다.

철길 건너편 우리 논에서 아버지는 벼농사를 짓기도 했다. 모내기, 논매기, 물대기, 가을걷이 타작하던 광경이 생생히 기억난다. 흙은 정직해서 노력하는 만큼 결실을 가져다주는 것이라고, 세상 살아가는 이치가 다 그런 것이라고, 누누이 내게 말씀해주셨다.

더 성장해선 집 뒤로 난 길을 따라 향교의 명륜당을 지나서 뒷산으로 오른다. 큰 소나무 아래에서 지친 머리를 식힌다. 부질없는 공상은 날려버리고 미래의 야망으로 마음을 가라앉힌다. 소나무 아래 넓은 바위에 앉아서 독일어 문법도 단어도 외우곤 했었지. 어느 해 여름방학 때는 한나절을 그곳에 꼬박 앉아서 독서삼매에 빠지기도 했다. 테오도르 슈트롬의 단편을 읽었고 괴테의 「젊은 베르테르의 슬픔」을 읽기도 했다.

사회생활을 하면서부터 농촌과 도시를 혼자만 바쁘게 오갔을 뿐, 내 아이들의 손을 잡고 뒷동산에도 오르지 못하고 냇가에서 송사리도 잡지 못했으니 농촌의 푸근함도 농민들의 삶도 세상

순리도 일러주지 못했다. 무심한 애비였다. 내 아버지로부터 받은 그 사랑을 말이다.

사람들은 너도 나도 도시로 도시로, 농촌을 모두 다 떠나갔다. 급속한 도시화는 농촌과 도시의 구분조차 어렵게 되어갔다. 도시, 농촌 어디를 가나 시멘트 콘크리트와 아파트의 숲 천지다. 자연과 더불어 살아가는 삶의 지혜는 어디로 갔는지, 정신은 황량해졌으니. 그런 현상이 벌써 재앙이 되어서 되돌아온다고 아우성들이다.

이글거리는 태양 아래, 숲이 사라진 콘크리트 상자 속에 갇힌 비둘기마냥 우리는 살아가고 있다. 친구 K는 그의 고향 U시를 떠나지 않고 계속 고향에서 살고 있다. 바다가 보이는 곳에 집을 짓고 좋아하는 시도 쓰고 문학동호인과 어울려서 조용하게 살고 있다. 그 친구가 부럽다.

이제는 도시를 떠나 살고 싶다. 아이들도 제 갈 길 떠났으니 고향 근처 농촌에서 한적하게 살고 싶다. 뒷동산이 있고 숲이 있고 들판이 보이는 그런 곳이면 좋겠다. 바다가 바라보이는 그런 곳이면 더욱 좋겠다. 어영부영 세월만 보냈으니 지금이라도 늦지는 않다. 모든 것 다 떨쳐버리고 가고 싶다.

체면과 위선으로 가려진 껍데기도 벗고 혼탁해진 정신도 양심도 깨끗이 씻고 싶다. 폐부 깊숙이 맑은 공기를 들이마시고 지친 몸 구석구석에 맑은 산소를 마음껏 불어 넣고 싶다. 그리고 하얀 고무신을 신고 논두렁 밭두렁 길을 걸어 봤으면. 이름 모를 야생화나 풀냄새도 맡아 보고. 곡식이 익어가는 들판의 냄새가 그립다. 방학 때가 되면 서울에서 찾아오는 손자들을 데리고 뒷산으로 오르고 개울가에서 물고기도 잡아 봤으면.

어디선가 한줄기 시원한 바람이 불어오는 것 같다.

(2008)

기적(奇蹟)

지난 3월 초 어느 일요일 새벽이었다. 사위로부터 걸려온 전화를 받고 우리 부부는 기급을 했다. 전날 아들 내외와 24개월의 손자, 세 식구가 집에서 저녁을 먹고 마포의 제 집으로 가던 도중 교통사고를 당해서 지금 병원에 있다고 했다. 순간, 정신이 하나도 없었다.

나중에야 알게 되었지만, 강변북로에서 과속으로 달려오던 뒤차가 들이받았다. 아이들 차는 중앙분리대 건너편 차로까지 튕겨서 전복했고, 일가족 세 사람이 찌그러진 차 안에 굴렀으니 보통 사고가 아니다. 만약에 화재라도 났다면 생각만 해도 끔찍하다. 다행히 경찰 구급차가 오면서 병원 응급실까지 왔다 한다.

애비가 정신을 차리자 먼저, 의사인 제 자형에게 연락을 했다. 사위는 한밤중에 응급병원으로 달려갔다. 응급처치와 입원까지 마치고 난 뒤에서야, 장인장모가 놀랄까 염려하여 한참 지나서야 알려온 것이었다.

놀란 가슴에 병원으로 달렸다. 우선 세 식구의 얼굴을 보자마자 놀란 가슴이 잠시 가라앉는 듯 '하늘이 도왔다'는 외마디 말밖에 나오지 않았다. 지옥에서 살아난 세 사람, 한숨과 탄식이 절로 나왔다. 할애비, 할미와 입맞춤 하고 고사리 손을 흔들고 애미 품에 안겨서 집을 나서던 녀석이 지옥의 아수라장을 헤매었다니 하늘이 도와준 기적이었다.

말 못하는 어린것을 보니 마음이 찢어지듯 아프다. 천둥 같은 굉음과 충격 속에서 정신을 잃고 뒤집혀진 차 안에서 애비 애미와 함께 뒹굴었다니. 코끝이 찡하고 눈시울이 뜨거웠다. 생각만 해도 정신이 아찔하다. 어린것의 얼굴에는 한쪽으로 시퍼렇게 멍이 들고 부어 있었다. 전문의를 붙들고 걱정을 한다. 굉음과 충격과 무서움이 어린것의 뇌리에 남지 않을까. 사진 판독과 어린것의 행동을 보고서는 괜찮다는 소견을 말하니, 안심은 된다마는 앞날에도 제발 무사하길 조상님께 비는 심정이다. 애비의 안면에도 시퍼런 타박상과 유리 파편들이 박혀 부어오르고, 며느리의 얼굴에는 다행히 타박상이 없어 천만다행이나 손등과 손가락의 골절 수술로 커다란 상처가 남게 되었다.

아무리 생각해도 기적이었다. 자동차가 뒤집혔는데 하늘과 조상의 보살핌이 아니고서야 어찌 그 정도로 그칠 수 있었으랴.

누워있는 세 식구를 바라보니 온갖 생각이 스친다. 며늘아이는, "아버님! 만약에 세 식구 중 한 사람이라도 무슨 변고가 있었다면 어떻게 되지요? 생각만 해도 몸서리쳐집니다." 참으로 가슴에 와 닿는 말이었다.

그들은 하늘의 도움으로 다시 태어났다. 조상의 음덕으로 살아났다. 어질고 순박하게 살아오신 내 조상들의 선행의 업보요 결실이다. 나에게도 그런 경험이 있다. 삼풍백화점의 기적이 아직도 생생하다. 온 나라 안이 떠들썩했던 대형사고의 그 순간을, 바로 코앞의 4~5m 앞 붕괴지점에서 내게 기적이 일어났다. 무려 1,200여 명의 사상자가 생긴 그 지옥의 증인의 한 사람이 되었다.

바로 지난해 봄이다. 지방 K대학에서 야간학부 강의를 마치고 집으로 오던 고속버스 사고다. 순조롭게 달리던 고속버스가 어느 지점에서 잘못 들어서서 역방향으로 진입한 화물차와 정면충돌한 사고를 당했다. 평소와 달리 뒷좌석에 홀로 앉아 졸고 있을 때였다. 버스기사의 외마디 고함소리에 '꽝' 하는 소리가 들렸다. 차량 파손은 물론, 사상자가 발생했다. 하지만 나는 불행 중 다행으로 튕긴 유리 파편에 가벼운 상처뿐이었다.

옛날 우리 어머니들은 슬하의 자식들이 아프고 병고에 시달릴 때, 집 떠나 돈 벌러 타향객지를 떠돌며 고생하는 자식들을 염려하면서 장독대에 정화수 뜨다 놓고 천지신명께 빌었다. 밤하늘의 달에게 별에게 무사하길 빌었다. 뛸 듯이 반가운 경사가 있을 때도 맨 먼저 조상님께 고했다.

순수한 그런 정신이 염원으로 쌓이고 쌓이면 눈에 보이지 않는 에너지로 남았다가 기적이란 이름으로 나타날 수도 있지 않을까 생각도 해 보았다. 부디, 저 아이들로 하여금 세상은 겸허하게 살아가는 것임을 다시금 느끼게 하는 전화위복의 계기가 되기를 간절히 바랄 뿐이다.

(2007)

옷타(otta) 강가에서 만난 솔베이지(Solveige)

K형! 그동안 미뤄오던 북유럽 여행길을 훌쩍 떠나 왔습니다. 여행의 적기를 놓치면 또 일년을 기다려야 하겠기에.

'암스텔담'과 '함부르그'를 거쳐서 어젯밤에는 덴마크의 '코펜하겐'항에서 '발트해의 왕자'라 일컫는 호화유람선(DFDS seaways)편으로 노르웨이 '오슬로'(Oslo)항에 도착했습니다. '신들의 정원'이라는 뜻의 '오슬로'항구는 매우 아름다웠습니다.

노르웨이를 북유럽 관광의 백미(白眉)라 하지요. 그중에서도 피오르드(Fjord)와 빙하가 그 진수(眞髓)라고 합니다. '유네스코'가 피오르드를 세계의 자연문화 유산으로 지정할 정도니까요.

'피오르드'란 약 160만년 내지 200만 년 전 지구의 빙하기 때 거대한 빙하들이 육지의 해안을 깎아 내려서 생긴 좁고 긴 'U'자 모양의 골짜기에 바닷물이 침투하여 생긴 협만입니다. 거대한 빙하들에 의해서 깎여나간 골짜기는 해안선으로부터 수십㎞에서 수백㎞에 이르기도 합니다. 이 나라 지도에서 서쪽 해안지대에 유난히 들쭉날쭉한 해안선을 보셨을 겁니다. 이런 피오르드는 스코틀랜드 일부 해안지대와 알래스카의 태평양 연안에서도 볼 수 있다고 합니다.

K형! 우리 일행은 아름다운 피오르드를 보기 위해 만년설이 녹아 흐르는 옷타(otta)강을 따라 서부 해안지대로 먼 길을 떠났습니다. 처음 대하는 노르웨이의 자연풍경이 아름답습니다.

넓은 평지는 거의 없고 주위가 모두 산으로 둘러싸여 있습니다. 초록빛 계곡에는 만년설이 녹아 흐르는 희뿌연 강물이, 여름철을 맞은 경사진 풀밭에는 풀을 뜯는 양의 무리. 한가로이 자리한 농가의 예쁜 집. 강변 휴양지에는 장난감 같은 예쁜 미니 숙박시설, 그리고 멀리 보이는 만년설로 뒤덮인 높은 산의 모습이 한 폭의 그림 같습니다. 호젓한 강변의 정취가 나그네의 마음을 사로잡습니다.

긴 겨울 동안 눈 속에 파묻혀 숨죽이던 이름 모를 꽃들이 여름을 맞아서 한창이었습니다. 촛대모양의 예쁜 루핀(Rupine)꽃이 색깔도 다양하게 가는 곳마다 우리를 반겨주어 매우 인상적입니다. 끝없이 이어지는 자작나무숲, 하늘 높이 뻗어 오른 적송, 무성한 산림의 군락지가 풍성하고 아름다운 자연을 말해주고 있습니다.

우리들은 강변의 한적한 마을 옷타(otta)에서 하룻밤을 자고,

다음날 세계에서 제일 아름답다는 게이랑에르 피오르드(Geiranger Fjord)에 왔습니다. 수백만 년 전, 빙하기의 대격변 때 태어났다는 광활한 피오르드. 그때의 무서운 비밀과 신비를 간직한 듯, 말없는 침묵 속에 잠겨 있는 짙푸른 그 모습에 선뜻 다가가기 어려운 외경심마저 들었습니다. 이곳이 강인가 바다인가 아니면 호수인가. 그 어느 것도 아니었습니다. '피오르드(fjord)'였습니다.

일행을 태운 큰 배가 협곡을 빠져나가니, 둘레에는 온통 초록빛으로 물들인 가파른 산세, 깎아지른 단애와 절벽, 신부의 면사포처럼 하늘거리며 떨어지는 수많은 폭포들, 높이 솟은 설산의 준봉들, 파란 하늘과 함께 물위에 비치는 산 그림자… 이 모든 것이 함께 어우러져 연출되는 경이롭고 환상적인 대장관에 할 말을 잃었습니다. 여기가 선경일까, 신들의 정원일까, 조물주의 위력 앞에 숙연해지지 않을 수 없었습니다. 우리 일행은 세계에서 제일 크다는 길이가 무려 204㎞, 깊이가 1,000m에 이르는 '송네 피오르드'(Sogne Fjord)에서도 그 아름다움에 흠뻑 취했습니다.

어마어마하게 큰 빙하가 해안과 육지를 강타하여 깎아내리고, 바닷물이 내륙으로 밀려들던 질풍노도(疾風怒濤)의 소용돌이가 지나가고 또 수십만 년의 세월이 흐른 뒤 천지(天地)와 대자연(大自然)은 예쁘고 아름다운 모습으로 또다시 인간들에게 다가왔습니다. 조화와 균형의 대자연의 질서가 베풀어준, 또 하나의 찬란한 아름다움이었습니다.

K형! 이 나라 관광에서 또 빼놓을 수 없는 것은 빙하(빙산)라 했습니다. 해발 2천m 정도의 높은 산에는 빙하와 만년설이 그대로 남아 있습니다. 우리들은 추위를 견딜 두꺼운 옷으로 갈아입고 산악용 오픈카를 타고 빙하가 있는 '브릭스탈' 계곡에 올랐습니다.

수 만년을 다져진 만년설이 빙하가 되고, 만년설과 더불어 살아가고 있는 그 광활한 빙원들. 푸른빛보다 옥빛이 감도는 맑고 깨끗한 빙하가 그 높은 산 위에서 살아있다니. 때 묻은 인간의 손으로 빙하를 감히 만지다니. 태고의 신비를 간직한 채 그대로 머물렀으면 좋으련만 지구의 온난화와 인간들의 시달림에 자꾸만 훼손되고 있다니 안타깝습니다. 몇 만 년 아니, 몇 천 년 후에는 지구상의 모든 빙하가 사라지는 격변의 시기가 도래할는지도 모를 일입니다.

K형! 어제 우리 일행이 옷타 강을 따라올 때 우리를 태운 버스가 '귤브랑스다렌'이라는 마을에 이르자, 차안에서는 갑자기 그리그(Edvard Grieg; 1843~1907)의 '솔베이지(Solveige)의 노래'가 흘러나오지 않겠습니까. '인형(人形)의 집'으로 유명한 극작가 입센(Henrik Ibsen: 1828~1906)의 작품인 '페르귄트(PeerGynth)'의 극중 무대가 바로 이 마을이라는 것이었습니다.

극(劇)중의 젊은 아내 솔베이지가 고향을 떠나간 방랑자인 남편 페르귄터를 긴 세월 동안 홀로 기다리면서 부르던 애절한 사랑의 노래가 바로 그 노래라는 것이었습니다. 오랜 세월이 흐른 후, 늙고 빈털터리가 되어 고향에 돌아온 페르귄터가 자신을 따뜻이 맞아주는 아내의 사랑에 감읍(感泣)하여 무릎에 얼굴을 파묻는다는 사랑의 스토리였습니다.

그 겨울이 지나고 또 봄은 가고, 또 봄은 가고
그 여름날이 가면 더 세월이 간다. 세월이 간다
아, 그러나 그대는 내 님일세, 내 님일세….

기나긴 북국의 겨울, 눈 속에서 피어난 아름답고 따뜻한 사랑의 얘기를 알고부터는 그 노래가 더욱 가슴에 와 닿았습니다. 19세기 중엽, 같은 시대를 살다 간 입센과 그리그, 그들의 예술혼은 아름다운 자연과 하나였음을. 호숫가 그의 생가를 둘러보면서 더욱 그런 생각을 하게 되었습니다. 그의 음악은 노르웨이의 자연을 노래한, 민족음악가라는 칭송을 알 것 같았습니다.

K형! 어제 우리 일행은 그리그의 생가(生家)가 있는 베르겐(Bergen)으로 가기 위해 산악열차를 탔습니다. 노르웨이의 자연을 적나라하게 볼 수 있어서 참으로 좋았습니다.

폴람역에서 출발한 열차는 해발 866m에 있는 철로 교차역인 미르달(Myrdal)까지 20㎞를 올라갔습니다. 산악을 오르면서 마치 관광자원의 전시장과 공학(工學)기술의 수준을 보는 것 같았습니다.

산악열차는 가파른 협곡을 아슬아슬하게 오르면서 산의 여러

층을 꼬불꼬불 통과하여 작은 터널들을 수없이 지났습니다. 80% 이상이 55도의 경사지라고 했습니다. 아슬아슬한 절벽 위를 열차가 지나갈 때에는 모두가 감탄과 환성을 지르면서 공포의 순간을 느꼈습니다. 계곡 아래에 펼쳐진 만년설의 대빙원, 수천 길 아래로 쏟아지는 폭포수, 산중의 호수, 그리고 웅장한 대자연의 위력 앞에 다시 한 번 숙연해지지 않을 수 없었습니다.

K형! 짧지 않은 내 지나온 경험에 비춰본 주관적인 판단이겠지만, 그들의 국토 보전과 이용, 그리고 자연경관의 보존이 얼마나 정교하고 철저한지 도처에서 느낄 수 있었습니다. 피오르드와 강변의 경관을 보존하기 위해서 주변에는 넓은 도로도, 도로시설 구조물도 거의 찾아볼 수 없었습니다. 그것들을 최우선 순위에 둔 것 같았습니다. 자동차 문화에 길들여진 우리들의 생각과는 판이하지요.

수많은 피오르드를 이용한 페리 수송이 내륙지역을 연계하는 중요한 교통수단이었고, 국토의 종심(縱深)을 달리는 철도와 산악열차도 큰 몫을 하는 것 같았습니다. 평지가 거의 없고 산악뿐인 이 나라에서는 철도부설과 내륙을 연결하는 육로교통을 위해서 무수한 터널을 뚫지 않을 수 없겠습니다. 주위가 모두 산악이니 앞길이 막히어 굴을 뚫을 수밖에 없지요. 10여㎞ 정도는 보통이고 우리가 몇 차례 지나다녔던 레달(Laerdal)터널은 무려 24.5㎞나 되었습니다. 상하로, 때로는 나선형(螺旋形)으로 자유자재한 굴착기술은 가히 터널의 귀재(鬼才)라 하겠습니다.

스칸디나비아 반도의 북서부, 북위 57~71도 사이에 1,700㎞ 남북으로 길게 뻗어있고 국토의 72%는 빙식을 받은 평탄한 꼭대기를 지닌 산지입니다. 해발 2천m 이상에는 빙하와 만년설이 아직도 남아 있습니다. 경지는 찾아볼 수 없고 국토의 약 30%는 북극권의 혹한지역에 속하여 여름에는 백야(白夜)가, 겨울에는 혹한과 함께 몇 달 동안 해가 뜨지 않는다고 합니다. 우리가 여행하고 있는 남서부 지역은 온화하여 겨울에는 평균 1도, 여름에는 평균 15도 정도라고 합니다. 전체 면적은 우리의 약 4배, 인구는 약 10분지 1 정도인 450만 명 정도이지요.

K형! 문명이 미개했던 그 옛날에는 혹한과 열악한 자연환경은 그들의 삶을 옥죄는 족쇄가 되었을 것입니다. 그들은 살아남기 위해서 높은 산악에서 내려와 조선술(造船術)을 배우고 항해술을 익혀서 피오르드를 따라 배를 타고 험한 바다로 나아갔지요. 8세기~10세기에 걸쳐 악명 높은 바이킹족(Viking: 좁은 강에서 온 사람들. 시골마을에서 온 사람들)으로 살아가면서 북유럽 일대는 물론이고 서남부 유럽지역까지 맹위를 떨쳤다고 합니다.

문명의 개화와 더불어 그들은 삶의 족쇄와 멍에가 되었던 혹한과 자연환경을 귀중한 보배로 탈바꿈 시켰습니다. 옛 조상들의 용맹성과 불굴의 도전정신으로 그것들을 되살렸습니다. 얼어붙은 바다에서 풍부한 수산자원과 석유와 천연가스를, 수많은 폭포에서 수력발전을, 일찍부터 발달한 조선기술과 항해술로 세계의 해양대국으로 발돋움 하였습니다. 수많은 아름다운 피오르드와 빙하를 노르웨이 관광의 꽃이 되게 하였고, 겨울 스포츠의 메카로 변화시켰습니다. 실로 바이킹 후예들의 슬기와 지혜가 돋보이는 부분입니다.

1인당 GDP가 48,400불인, 유럽 내에서도 부유한 사회복지국가를 이루어 다른 나라의 부러움을 사고 있었습니다. 강국이었던 덴마크와 스웨덴의 지배를 받다가 1905년에야 비로소 정치적인 독립을 한 후 불과 한 세기 만에 이룬 발전이었다니 더욱 놀랍습니다.

K형! 그들의 한 세기를 듣고 보면서 우리들의 지난 한 세기도 되돌아보게 됩니다. 아프고 상처받은 파란만장한 세기였지만 우리도 한강의 기적을 이루었던 한 세기였습니다. 또 다른 한 세기를 위해서 모두 저 만큼 앞서 달려가고 있는데, 그 흐름에 늦지 않게끔 민족의 에너지를 다시 한 번 결집할 때가 아닌가 하는 생각을 떨쳐버릴 수가 없었습니다.

노르웨이의 아름다운 자연과 피오르드를 보러 왔다가 그들의 자연과 바이킹의 불굴의 도전정신, 그 후예들의 슬기로움이 하나의 맥(脈)으로 흐르는 것을 본 유익한 여행이었습니다. 다음 목적지 '스톡홀름'에 가면 또 소식 드리겠습니다.

(2005)

앙코르왓(Ankorwat) 사원(寺院)에서

어두운 정글 속에 파묻혀 수 세기를 잠들다 깨어난 '앙크로왓' 사원. 19세기 후반에 이르러서야 서양의 한 학자에 의해 발견된 인류의 문화유산인 세계 불가사의 중의 하나라니. '킬링필드'라는 영화로 세상에 더 알려진 야만적인 비극의 현장 캄보디아. 외세에 시달려 서구 식민지로 살다 또 다시 내부 권력싸움에 바람 잘날 없었던 나라, 토탄에 빠진 백성들만 억울하게 죽어갔던 그 가난한 나라, 그들의 살아온 삶이 남의 일 같지 않았다.

대부분 크메르족인 그들은 9~12세기에 걸쳐서 부강한 크메르왕국을 이룩했었다. 그 후, 수세기 동안은 정치, 경제, 군사적으로 이웃 태국이나 라오스, 베트남보다도 세력이 월등하여 나라의 위세를 크게 떨쳤다. 앙코르에는 인구가 백여만 명에 이르렀다. 운하와 수로를 건설하고 교역도 활발한 농업국가였다. 인도차이나 반도의 남서부에 위치, 밀림과 농경지, 강과 호수가 많은 인구 1천여 만 명의 가난한 농업국가로 남았다.

절대권력자인 왕이 죽으면 그들의 종교인 파라문교(婆羅門教)의 신(神)과 합일(合一)한다는 종교적 신앙을 가졌기에, 수많은 사원(寺院)들을 건립했다. 12세기 중엽, 국운의 융성기에 '수라야바르만 2세'는 파라문교의 주신(主神)의 하나인, 비슈누(Vishnu)와 합일하기 위하여 '앙코르왓(Ankorwat)' 사원을 축조했다. 후세에 이르러 불교의 영향을 받았고 불교도들에 의해서 파라문교의 신상(神像)들이 일부는 파괴되고 불상들을 모시게 되어 불교 사원으로 보이기도 한다.

규모가 방대하여 외곽벽이 동서 1.5㎞, 남북 1.3㎞에 달하고, 거기에다 폭 200m의 해자(垓字)가 둘러져 있다. 65m 높이나 되는 벌통모양을 한, 3기의 탑을 500여m 지나면 중앙사원에 다다른다. 사원의 벽과 회랑에는 파라문교의 신화와 전승기록 그리고 역사의 기록들이 새겨져 있다. 그 건축양식과 부조들은 크메르미술의 최고봉을 이루어서 오늘날에도 세계적으로 유명하다고 한다. 한편 앙코르톰(Thom)의 타프론사원, 바이욘(Bayon)사원 등도 인도문명의 영향을 받아 조형된 건축미술 부흥기의 걸작으로 꼽힌다 한다.

오늘날 학자들도 앙코르왓 사원을 비롯한 그 주변 축조물을 건축하는데도 100여 년의 세월이 소요될 터인데, 기계문명이 없던 그 당시에 40여 년이란 짧은 기간에 완성했다는 것은 참으로 놀라운 일이란다. 돌과 암석이 없는 그곳에 큰 암석들을 어떻게, 또 어디로부터 운반하고 쌓았는지 믿어지지 않는다 한다.

그 강성하던 왕조도 13세기 말부터는 주변국의 침입과 전쟁으로 쇠퇴하기 시작했다. 15세기경에 이르러 태국과 베트남의 침략으로 크메르왕조는 멸망한다. 이후부터 이웃나라에 지배되고 급기야 서구 제국의 식민지로, 일본군의 점령 하에 들어가 1945년에 이르러서 캄보디아 왕국으로 독립을 선언하게 되었다.

그때부터 다시 그들 내부의 정치적 이데올로기 싸움과 거듭되는 쿠데타와 내전이 지속되어 20세기 말까지 지속된다. 50년대 이후부터 인도차이나 반도의 제국들의 공산화 세력의 확대에 따라 캄보디아 왕국도 좌우익 세력들의 잦은 쿠데타와 세력 다툼에 나라는 혼돈의 수렁에 빠지고 내전에 시달린 국민들은 억울하게 도륙을 당해야만 했다. 1967년 캄보디아 노동당을 창당한 폴 포트가 이끄는 급진좌익 무장단체인 크메르루주(Khmer Rouge: 붉은 크메르)는 전 정권의 관료, 군인, 반대파 등 150여 만 명을 무자비하게 살해하였다. 교수, 교사, 의사, 약사, 예술인, 심지어 손이 하얗고 부드러운 사람들은 '부르주아'들이요, '악덕 세균'이라 하면서 전 국토를 죽음의 들판으로 만들었다.

당시 형무소요 처형장이었던 '투올 슬랭'은 마치 유태인 강제수용소요 학살의 현장이었던 '아슈빗츠'의 광경을 떠올리게 했다.

어찌 인간의 탈을 쓰고 야수보다 더 잔인할 수가가 있을까.

한때는 찬란한 문화를 꽃피우며 부강한 나라를 이루었던 그들이, 그들의 훌륭했던 문화유산들은 정글 속에 잠재우고 세력다툼만 했으니. 이리 밀리고 저리 밀리는 억울한 백성들만 죽어갔다. 수세기가 지나서 표본채집을 위해 정글을 누비던 프랑스 박물학자에 의해서 발견되었다 한다. 아직도 발굴하고 보존해야 할 유물들이 많다. 하지만 그들에게는 능력이 없다. 유네스코와 외국 학술단체의 도움이 있다 한다.

가난하고 열악한 삶을 살아가는 사람들. 톤레샵(TonleSap) 호수와 수상촌의 가난한 사람들, 반라(半裸)의 어린아이들, 여행객을 따라 다니며 손을 내미는 철없는 어린 아이들을 바라보고 있으니 옛날 가난하던 우리의 어린 시절이 생각나서 코끝이 찡해왔다. 누가 그들을 그렇게 만들었나.

아직도 사회주의 정치형태를 완전히 탈피하지는 않았지만, 이웃나라 베트남처럼 지금은 대외에 문호를 개방하고 외부세계로 눈을 돌리고 있다. 정치, 경제, 사회의 체제를 정비하고 서방세계의 문화와 지식, 자본, 기술을 도입하고 있다. 관광의 문호를 개방하면서 서구사회의 관광객들이 '앙코르왓트'로 몰려들고 있다.

하지만 물질의 빈곤보다도 지식과 인재의 빈곤에 그들은 더 허덕이고 있다 한다. 엘리트와 전문 지식인들을 무참히 살해한 킬링 필드의 업보 때문이라 한다.

비록 가난하게 살아가지만 결코 그들의 얼굴에서 비굴함이나 불쌍하게 보이는 표정은 없는 것 같았다. 우리가 바라보는 것처럼 가난을 비참하게 생각지 않는 것 같았다. 주어진 삶을 받아들이는 순박한 그 모습은 선량한 민족성과 불교의 종교적 인생관이 오랜 세월 다져진 때문이리라.

그들을 보면서 우리의 가난했던 지난날이 생각난다. 무엇이 다른가. 구한말, 혼돈의 시대와 일본의 식민지 침탈시대, 해방 후의 정치적 이데올로기의 대립과 정쟁, 피 흘린 6·25사변, 보릿고개의 가난들을….

부디, 그들의 앞날에 내전과 세력 다툼이 없는 평온한 나라가 되기를 바란다. 정치 지도자란 국가와 국민의 명운에 얼마만큼 무서운 영향력을 미치는지 다시 한 번 느낀 여행이었다.

(2006)

동(東)유럽에서

스메타나(Smetana)의 나의 조국

공산주의 체제에서 벗어난 지 오래지 않은 동유럽, 그들의 문화와 삶의 모습들이 서유럽 제국들과 어떻게 다를까. 미지의 세계를 찾아가는 설레는 마음이었다. 긴 비행 끝에 체코의 프라하(Praha)에 도착했다.

1993년 체코와 슬로바키아, 두 개의 공화국으로 분리된 체코는 인구 천만 명의 작은 나라다. 국민의 약 70% 이상이 가톨릭 신자요, 수도 프라하는 '동유럽의 파리' 또는 중세 기독교 문화가 아직도 살아 숨 쉬는 듯한 '백탑(百塔)의 도시'라 불리울 만하다. 9세기경 축조되었다는 옛 프라하성, 930년경부터 1929년경에 완성되었다는 고딕양식의 성 비트성당을 비롯해 하늘 높이 솟은 수많은 성당들. 아름다운 까를교와 유유히 흐르는 몰다우강. 고색창연한 아름다움과 예술이 흘러넘치는 모습에 한동안 취했다.

슬라브족의 일족인 그들은 고대부터 무수한 외부 침탈과 병합에 시달리며 주변 강대국 세력으로부터 억눌려 살아왔다. 중세기 오스트리아의 합스부르그가의 전성기에는 오스트리아에 합병되었다가, 신성 로마제국 시대에는 프러시아에 점령당하는 등 파란만장의 역사를 갖고 있다. 현대에 들어와서 2차 세계대전 후에는 50여 년 간 공산주의 체제 소련의 영향권 아래에서 고통을 받아왔다.

그러나 소련 세력하의 공산체제 속에서도, '인간의 얼굴을 가진 사회주의'를 주창하던 공산당 서기장 두브체크를 비롯한 체코 지성인들은 소위 '프라하의 봄(1968년)'을 외치면서 자유화의 물결을 일으켰다. 동구권 공산체제에 봄바람을 불어 넣어 자유화의 첫걸음이 되게 하였다. 자유를 외치던 젊은이들과 소련을 위시한 바르샤바 동맹국들의 진압 탱크가 대치하여 피 흘렸던 바츨라프 광장에는 지금은 자유와 번영을 구가하는 시민들과 관광객들이 붐비고 있었다. 예술을 사랑하는 민족이기에 지금도 150여 개나 되는 대·소 오페라하우스가 있다 하니 놀라울 뿐이다.

햇병아리 대학생 시절, 스메타나(Bedrich Smetana: 1824~1884)의 연작교향시 「나의 조국」(6곡) 중 '몰다우강(몰도바, 블타바: Moldau, Vltava)'을 좋아했다. 그는 체코 민족주의와 조국애를 고양시킨 민족음악의 아버지였다.

유유히 흘러가는 몰다우강을 바라보면서 힘없고 파란만장하던 그의 조국을 생각하고 역사와 자연을 소재로 한 무거운 주제곡의 멜로디를 떠올렸을 것이다.

학교에서 휴강이 되거나 도서관에서 지친 머리를 식히려고 음악감상실을 찾을 때면 우리는 즐겨 들었다. 우울한 듯 애조 띤 멜로디가 휴전 후 얼마 되지 않았던 살기 힘든 시절에 젊은이의 마음을 어루만져 주었다.

지금의 프라하에는, 서유럽 자유의 바람과 자본주의의 물결이 빠르게 불어 닥치는 느낌을 받았다. 서유럽에서 동쪽으로 국경 넘어 뻗어있는 대륙 고속도로에는 인적, 물적 행렬이 길게 늘어서서 길을 메우고 있다. 국경을 넘어 가는 곳곳마다 옛날 사회주의 체제하의 열악하고 빈약했던 각종 '인프라'의 재건사업들이 한창이었다. 터널공사, 도로확장, 공단조성, 주거단지 건설 등등 높은 공사용 타워 크레인들이 우후죽순처럼 하늘로 치솟아있다.

도심 광장에 세워져 있던, 대형 레닌 동상이 철거되고, 그 자리에는 시대를 상징하는 대형 설치조각품이 들어서 있다. 음악의 박자를 맞추는 '메트로놈(Metronome: 拍節器)', 거대한 철제 조각품이 자리하고 있었다. 새 시대를 맞아 세기의 속도에 맞추어서 힘차게 나아가자는 메시지를 강하게 전달하는 예술작품이 매우 인상적이었다.

공산주의 체제하에서 굳어진 사람들의 표정도 달라져가고 있고, 자본주의에 익숙해 가는 모습들을 읽을 수 있다. 홍수처럼 밀려드는 관광객과 더불어서 그들은 빠르게 변하고 있는 것 같았다.

종교와 음악을 사랑하는 국민, 21세기 자유의 바람을 늦게나마 마시지만 힘차게 나아가는 그들을 보니 앞날에 번영과 영광이 있을 것 같다.

아우슈빗츠(Auschwitz)의 비극

비가 억수로 퍼붓던 날, 체코 국경을 넘어 우리는 폴란드 남부지역 '오슈비엥침(Oswiecim)〔독일어: 아우슈빗츠(Auschwitz)〕' 수용소로 향했다. 1938년 나치독일은 오스트리아를, 그리고 체코, 슬로바키아, 폴란드를 차례로 점령하면서 2차 세계대전을 일으켰다. 나치는 1933~1945년간에 유럽 전역 2천여 개 수용소에서 수많은 소수 민족들을 처형하거나 죽게 했다. 폴란드를 점령한 그들은 특히 유럽 각지에서 연행한 유태인 25만여 명을 수용하여 강제노역을, 그리고 영양실조와 전염병으로 죽어가게 했다. 유태인, 정치범, 지식인, 그 외 집시들에 이르기까지 집단학살의 만행을 저질렀다.

을씨년스런 강제수용소의 녹슨 육중한 철문 위에는 'Arbeit Macht Frei(일하면 자유로워진다)'라는 철로 만든 글씨가 아직도 붙어있다. 죽음의 강제수용소로 이끌려오던 그들을 실어 날랐던 그 철길은 빨간 녹이 슨 채 그때 그대로 남아있다. 아무것도 모른 채 짐짝처럼 화물칸에 빽빽이 실려서 죽음의 골짜기로 끌려오던 그들 모습을 상상하니 코끝이 찡해진다.

수용소 내부도 그때 그대로 보존되어 있다. 목욕탕으로 유인하여 독가스로 집단학살 시킨 가스실, 시체소각장, 지하 감방과 고문실, 총살집행장, 살기 위해 발버둥 치며 벽을 긁은 손톱자국들, 그 생지옥을 차마 똑바로 쳐다볼 수가 없었다. 그들이 가지고 온 간단한 살림도구, 주인 잃은 여행가방, 이름표, 젖먹이 아이들의 내의까지 차마 눈 뜨고 볼 수 없다. 인체의 모발을 뽑아서 천으로 짜다니… 거명하기조차 무서운 천인공노할 충격들이었다. 아! 인간이 어찌 인간을 이렇게 잔인하게 할 수 있을까. 여기가 지옥이다. 1945년 1월 연합군에 의해 해방되기까지 이곳과 같은 인근 나라에도 있던 10여 개소에서 5년간 약 400만명이 죽어 갔다 한다.

일제식민지나 공산치하에서 수많은 선량한 형제들이 죽임을 당했지만, 어찌하여 인간이 인간을 그렇게 잔인하고 참혹하게 학살을 자행할 수 있는가. 수세기에 걸쳐서 기독교문명을 꽃 피웠던 유럽에서, 인류 역사상 최악의 비극이 저질러졌으니, 이데올로기와 권력과 힘이 그렇게 잔인하고 무서운 것인가.

상상을 초월하는 충격에 눈물만, 고개를 들 수 없기에 합장하고 명복을 빌 뿐이었다. 오히려 동양의 한 작은 나라에서 온 관광객이 보아서는 안 될 아픈 상처를 보게 된 무례를 범한 것 같아서 오히려 마음이 내내 편치 않았다. 용서를 빌고 싶은 심정이다.

바깥 날씨마저 회색빛으로 잔뜩 흐리더니 어느새 굵은 빗방울이 되어 세차게 차창을 내리친다. 수많은 원혼들의 눈물일까. 나그네의 마음을 아프게 한다. 버스 창가에 기대여 슬픈 상념에 빠져든다.

일행은 세차게 내리치는 비를 뚫고 슬로바키아 산악국경을 넘어가고 있었다.

올드(Old) 유럽

항가리(Hungary)의 '부다페스트(Budapest)'의 아름다움에 푹 빠졌다. 에리자벳스교의 아름다운 자태, 유유히 흐르는 다늅강의 야경은 파리의 세느강의 야경에 뒤지지 않는다. 다늅강의 뱃노래가 저절로 나올 것 같은 정취에 흠뻑 젖어 든다. 유난히 고풍의 냄새가 짙게 배어있는 올드(old) 유럽인가. 나의 지나친 감상일까.

빈(Wien)의 숲. 베토벤, 슈벨트, 요한스트라우스가 묻혀있는 예술가의 묘지공원. 아름다운 쉔부른(Schonbrun)궁전. 캬라얀과 모짜르트의 고향 짤즈부르그(Saltzburg), 그림 같이 아름다운 예쁜 자연 속에서 아름다운 선율을 숨 쉬고 노래하고 그 속에서 살아가는 사람들, 그들의 삶은 선녀 같은 삶일까.

자부심과 긍지감으로 그들 조상들이 물려준 문화와 종교 유산을 보존, 복원하는 천재들인 것 같다. 가는 곳마다 아끼고 다듬어 후세에 보전하는 모습을 보게 된다.

지금 그들은 앓고 있다. 빠르게 변하고 있다. 서유럽으로부터 불어오는 바람을 도처에서 느낄 수 있다. 서방세계에 문호를 개방한 이래 외국 투자가 물밀듯이 밀려오고 관광객들이 홍수를 이룬다. 꼬리를 물고 달리는 대형 물류차량들의 이동과 도로와 터널 등 사회간접자본 시설공사가 가는 곳마다 한창이었다. 지난날의 경직된 생활 모습과 행태는 아직도 남아있는 것 같다. 시간이 더 필요한 것 같다.

선진국이란 GNP가 높고 현대산업시설이 갖추어지고 수준 높은 물질생활을 영위하는 것만으로 평가하는 것은 아니다. 정신의 가치를 존중하고 역사와 문화를 아끼고 보존하는 정신적 삶의 자세가 훌륭하고 올곧게 정립되어 있는 민족, 나라, 그들이 선진국이 아니겠는가.

짧은 일정이었지만 내가 본 그들은, 물질보다 높은 정신과 문화의 터전을 다시금 되살리고 있는 선진국이었다.

(2001)

자연 친화와 관조, 그 의미화의 형상학

- 작품집 『앉은뱅이 책상』에 부쳐 -

오창익

(創作隨筆 발행인)

목민관(牧民官)으로 30여 년, 대학 교수로 또 10년, 거기다 글쓰는 문인으로 이어받기 또 10여 성상(星霜)…. 수필집 『앉은뱅이 책상』의 주인인 박부찬 수필문학가의 간추려 본 역정(歷程)이다.

부럽다. 부럽다 못해 존경스럽다. 아니 눈부시다. 그래선지 그의 수필에서는 '천자문(千字文)'에서처럼 늘 그 뜻(主題)이 넓고 깊게만 읽힌다. '명심보감(明心寶鑑)에서처럼 그 느낌 또한 맑고 밝다. 뿐만 아니다, 그의 간결・정밀한 문장에서는 나긋한 정감, 포근한 설득력이 묻어난다. 더불어 '잔잔한 감동'이 전이된다.

잔잔한 그 감동, 그건 분명 미적(美的)충격이다. 그 미적충격이야말로, 한 마디로 줄여서, 예술이란 무엇인가에 대한 정답이고, 수필이 붓가는 대로 쓰는 글이 아니라는 명제에 대한 분명한 해답이다. 그 답이 바로 『앉은뱅이 책상』에 있음을 우리는 어렵잖게 만날 수 있다. 예의 잔잔한 감동, 그 때문이다.

그 감동은 저절로 만들어지는 것이 아니었다. 50편에 가까운 작품들의 소재는 대부분 일상에서 얻은 신변사였지만, 작자는 그 신변사를 그저 담담하게 기록하는 고백이나 서술에 그치지 않고, 주어진 소재 앞에 자기를 먼저 비움으로써 그에 동화(同化)하고, 나아가 의미부여를 하여 독자와의 대우적(對偶的)관계를 유지함은 물론, 공감 내지는 감동으로까지 승화시키고 있다. 문예화에 성공하고 있다. 그 문예화, 곧 개성있는 감동의 세계가 바로 『앉은뱅이 책상』의 작품세계다.

제한된 지면관계로 그 작품세계를 다음과 같이 크게 네 부분으로 가름해 본다. 그 하나가 '자연 관조와 그 의미화의 세계'이고, 그 둘이 '자기 성찰과 현실인식'이고, 그 셋이 '고향, 그리고 그 회귀에의 정(情)'이고, 끝으로 그 넷이 '모정(母情), 그리고 목민관 시절'이다.

대표되는 작품과 중요 한두 문단씩을 예시해 본다.

그 하나: 자연 관조와 그 의미화의 세계

자연은 사람의 힘이 전혀 더해지지 않은, 저절로 일어났거나 이루어진 현상이지만, 예술이란, 특히 수필문학이란 그 자연에 동화(同化)함으로써 자기화하고, 나아가 인간화한 의미화의 작업이다.

자연 동화, 주지하다시피 그 동화란 물심일여(物心一如)의 동질화 현상으로서 작자가 어렵게 이룬 순수의 상태다. 의미화 또한 어렵게 회복한 그 순수의 바탕에다 작자 나름의 주관, 즉 대상에의 이해나 해석으로 빚은 이상(理想)이다. 가치관이다. 작품 「찔레꽃과 아까시꽃」, 「가을 단상」, 「잊혀진 사람들」에서 그 동화나 의미화의 실상을, 아니 그 개성어린 수법을 어렵잖게 읽을 수 있다. 해서, 그 대표되는 한 문단씩을 예시한다.

> 사람의 한평생도 자연의 순환과 같은 것. 활기차고 발랄하던 청년 시절을 보내고 왕성하고 정력적인 장년기를 맞아서 필생의 과업도 이룩하고 인생을 조금 알만하게 될 때, 저만치에서 불어오는 인생의 가을바람을 느끼게 된다.
>
> 불타는 단풍, 현란한 축제, 풍요로운 결실의 가을이 있는가 하면, 조락과 허무와 비애의 가을 또한 있으니….
>
> \- 관조, 『가을 단상』 중에서 -

> 가냘픈 여인같이 생긴 꽃, 하얀 머릿수건을 둘러쓴 내 어머니와 누님같이 생긴 꽃이다. 먼 옛날, 북방의 몽고족에 끌려간 공녀였던 소녀, '찔레'. 훗날, 고향에 돌아온 그녀는 생사를 알 수 없는 부모형제를 찾아 헤매다가 산 속에서 죽었으니. 그녀의 마음은 흰 꽃이 되었고 흘린 눈물은 빨간 열매가, 아름다운 목소리는 향기가 되었다.
>
> \- 의미화, 『찔레꽃과 아까시꽃』 중에서 -

그 둘 : 자기 성찰과 현실인식

수필은 자기 회수(回收)와 자기 반추(反芻)의 문학이다. 놓쳤거나 잊었거나 또는 두고 왔던 것을 회수하는 것은 곧 자기 현실을 보다 완전하게 성찰·보완을 하기 위함이고, 회수한 그 현실을 저작(咀嚼), 즉 잘게 잘게 씹어내는 것은 자기 삶에 보다 이로운 영양을 공급하기 위해서다. 보다 새롭고 보다 건강한 의미부여를 하기 위해서다. 곧 자기 행복 찾기다. 왜냐하면, 행복이야 말로 별것이 아닌, 자기가 선택하여 즐겁게 할 수 있었던 것에 대한 '자기 최선', 그 이상은 아니기 때문이다. 작품 「밤차를 타고」, 「나의 작은 방」, 「작은 꽃밭」들이 그 좋은 예다. 한 문단씩을 가려 본다.

> 학생들과 공부하는 시간은 더욱 보람 있고 행복한 순간이다. 행정의 이론과 실제를 배우는 것도 중요하지만, 그것보다 더한 것은 학문하는 방법이며 교양과 인격 함양에 보탬이 될 만한 정신의 훈화가 더 필요했다.(……) 착하게 살아가는 수많은 사람들 속에서 봉사의 기쁨과 보람을 맛보면서 밤차를 탄다.
>
> \- 자기 성찰, 「밤차를 타고」 중에서 -

> 내 스스로가 택했던 그 작은 방은 평범하고 깨끗하게 살아가는 선비정신과 행복을 안겨다 주었다. 왜, 사람들은 권세나 재물이나 명예에서만 행복을 찾으려 하는지. 안분지족하는 마음으로 살아갈 수 없는지. 매사에 감사하고 봉사하는 자세로 살아가면

그것이 곧 행복인 것을.

- 현실인식, 「나의 작은 방」 중에서 -

소년도 꽃을 좋아했다. 나의 공부방 창문 아래 양지바른 곳에는 온갖 색깔의 채송화가 무리지어 피어났다. 작고 예쁜 색색가지 꽃들이 봄부터 여름 내내 쉼 없이 피고지곤 했었다. 깨알보다 작은 씨앗들이 거친 땅을 뚫고서 돋아나는 신비함, 어린 내 눈에도 신기하게 보였다. 학교에서 오전 수업만 있던 날, 집에 돌아와도 같이 놀아줄 동무가 없었다. 심심해진 나는 꽃밭으로 간다.

- 행복찾기, 「작은 꽃밭」 중에서 -

그 셋 : 고향, 그리고 그 회귀에의 정

고향은 어머니와도 같은 곳으로, 산 자들에겐 잊을 수 없는 영원한 성지(聖地)다. 아니, 산 자들의 영·육이 언제고 돌아가 편히 쉬는 곳이기도 하고, 쉬다가 새 돛을 갈아 달고 의욕적으로 재출항하는 포구와도 같은 곳이다.

우리의 수필문학가 박부찬님은 그 고향을 목숨처럼 아끼는 문인이다. 아니, 내 몸처럼 사랑하고 가꾸는 예인(藝人)이다. 그래서 그의 작품엔 언제나 어머니를 기리듯 옛것을 수구하는 강한 '신념(信念)'이 있고, 옛것을 사랑하듯, 낳아 키워준 그 고향으로 회귀하려는 절절한 '염원(念願)'이 있다. 그 신념과 염원이 어우러져 항상 신선한 설렘과 뜨거운 감동을 주는 수필을 낳는다. 교향시 같은 작품을 쓴다. 작품 「앉은뱅이 책상」, 「꿀과 참기름」,

「한 마리의 연어처럼」이 그 좋은 예다. 한 문단씩을 예시한다.

등잔불 밑에서 어머니로부터 글을 배우던 곳. 공부가 싫어서 게으름을 피우다가 회초리를 맞고서 눈물 흘리던 그 책상. 애처로운 마음에 매 맞은 종아리를 어루만져 주시며 모자가 같이 울던 그 책상이 아닌가. 밤늦게 책상에 엎드린 채 잠이 든 내 어깨 위로 살며시 이불을 덮어주던 사랑이 넘치던 곳.

- 고향, 「앉은뱅이 책상」 중에서 -

이제는 고향 가서 살아야지. 장남으로 집안 대소사에도 관여하고 아버님을 옆에서 모시고 살아야지. 그렇게만 한다면 어머님이 계시지 않는 집안의 예상되는 사소한 가정사의 시름도 일어나지 않을 것이다. 고향으로 가야지. 이젠 내 집으로 가야지. 그게 순리가 아닌가.

- 회귀에의 정, 「꿀과 참기름」 중에서 -

그 넷 : 모정(母情), 그리고 목민관 시절

"오랜만에 어머님 무덤 앞에 엎드려 큰절을 올리며 옛날을 회상하니 눈물이 앞을 가린다. 귀한 자식을 회초리로 내리치며 인간을 만들려던 어머니의 가르침에 새삼 고개가 숙여진다.(「등화관제와 회초리」)"에서 보이는 것처럼 어머니는 산 자들에겐 언제 어디서나 한 시도 잊을 수 없는 종교와도 같은 존재다. 글 행간마다에서 묻어나는 모정(母情)에의 절절함은 박부찬 수필의 바탕이

자 핵(核)이다. 아니, 대간(大幹)이다.

예외 아니게 목민관으로서의 애민(愛民)사상도 어머니나 고향을 지키고 기리려는 마음과 다름이 없다. 지방 관리로부터 대도시의 수령에 이르기까지, 그가 여러 임지에서 보여준 목민의 정은 너무나 살갑고도 도타웠다. 작품 「어머니의 재봉틀」, 「등화관제와 회초리」, 「고향 잃은 사람들」, 「잊혀진 사람들」이 그 좋은 예다. 역시 중심이 되는 한 문단씩만을 예시한다.

> 놀랍고 반가웠다. 어머니 돌아가신 지 어언 20여 년, 다시 만난 반가움. 참으로 오랜만에 보는 재봉틀이었다. 생전에 애지중지 아끼시던, 땀과 눈물이 밴 손때 묻은 재봉틀이 아닌가. 어머니와 애증(愛憎)을 함께하던 그 재봉틀은 나에게도 예사롭지가 않다.
>
> \- 모정, 「어머니의 재봉틀」 중에서 -

> 전쟁 아닌 전쟁을 치러야 하는 일선 공무원들, 남들이 쉬거나 잠을 잘 때에도 언제나 깨어있어야 하는 사람들이다. 궂은 일 다 하고 갖은 고생 다 하면서 좋은 소리는 못 듣는 외롭고 고독한 공복들이다. 선공후사의 정신이 살아있어 명절 연휴 때는 더욱 근무를 철저히 하고 상황을 봐가며 명절을 오히려 반납하면서까지 제 할 일을 다 한다. 나 역시 공직의 길에 들어선 진작부터 그런 습성에 젖었다.
>
> \- 목민관 시절, 「고향 잃은 사람들」 중에서 -

자연친화와 관조, 그 의미화의 세계를 형상화한 박부찬님의 작품집 『앉은뱅이 책상』의 출간을 축하한다. 제2, 제3의 작품집도 이어지기를 기원하면서 거듭 경하 드린다.